UNE BRÈVE ÉTERNITÉ

Né à Paris en 1948, philosophe et romancier, Pascal Bruckner est l'auteur, entre autres, de *Lunes de fiel* (adapté au cinéma par Roman Polanski), *La Tentation de l'innocence* (prix Médicis de l'essai, 1995), *Les Voleurs de beauté* (prix Renaudot, 1997) et *La Tyrannie de la pénitence* (prix Montaigne, 2006). Il a été élu membre de l'Académie Goncourt en 2020. Son œuvre est traduite dans une trentaine de pays.

Paru au Le Livre de Poche :

L'Amour du prochain
L'Euphorie perpétuelle
Le Fanatisme de l'apocalypse
La Maison des anges
Misère de la prospérité
Mon petit mari
Le Paradoxe amoureux
La Sagesse de l'argent
La Tentation de l'innocence
La Tyrannie de la pénitence
Un bon fils
Un racisme imaginaire
Les Voleurs de beauté

PASCAL BRUCKNER

Une brève éternité

Philosophie de la longévité

GRASSET

ISBN : 978-2-253-10136-9 – 1re publication LGF

« Il faut craindre une vie mauvaise davantage que la mort. »

Bertolt Brecht

À la mémoire de mon professeur,
Vladimir Jankélévitch, si éloquent, si élégant.

INTRODUCTION

Les défroqués du jeunisme

Dans son livre autobiographique, *Le Monde d'hier* (1942), Stefan Zweig raconte comment à la fin du XIXe siècle, à Vienne, dans l'Empire austro-hongrois, régi par un souverain de 70 ans, entouré de ministres chevrotants, l'opinion tenait la jeunesse en suspicion. Malheur à qui avait gardé une allure puérile : il ne trouvait pas d'emploi et la nomination de Gustav Mahler à 37 ans au poste de directeur de l'Opéra impérial fut une exception scandaleuse. Être jeune constituait alors une entrave à toutes les carrières. Il fallait pour les ambitieux paraître plus âgés, commencer à se vieillir dès l'adolescence : hâter la croissance de la barbe en se rasant tous les jours, charger son nez de lunettes à monture d'or, afficher des cols empesés, s'engoncer dans des habits rigides, s'imposer le port d'une longue redingote noire et, si possible, afficher un début d'embonpoint, gage de sérieux. Endosser dès 20 ans le costume de la vieillesse était la condition sine qua non de la réussite. Il fallait punir les générations montantes, déjà pénalisées par une éducation humiliante et mécanique, les arracher à leurs balbutiements de novices, à leur indiscipline de mauvais garnements. Triomphe de la gravité qui impose l'âge honorable comme seul comportement civilisé de l'humanité.

Quel contraste avec notre époque quand n'importe quel adulte tente désespérément d'arborer les signes extérieurs de la juvénilité, pratique la confusion des costumes, porte les cheveux longs ou les jeans, quand les mères elles-mêmes s'habillent comme leurs filles pour annuler tout écart entre elles. Jadis les gens vivaient la vie de leurs ancêtres, de génération en génération. Désormais, les ancêtres veulent vivre la vie de leurs descendants. *Adulescents* de 40 ans, *quincados*, *sexygénaires*, baroudeurs de 70 et plus en sac à dos, bâtons de ski à la main et casque de protection sur la tête, adeptes de la marche scandinave, partis pour traverser la rue ou les jardins publics comme s'ils attaquaient l'Everest ou le Kalahari, grand-mères en trottinette, papys en rollers ou gyro-roue. Vertige de la régression autorisée. Le désaccord générationnel est aussi comique que symptomatique : entre les jeunes gandins serrés dans des costumes qui les corsètent et les vieux gamins aux tempes argentées qui déambulent en short, la chronologie est bouleversée.

C'est qu'entretemps, les valeurs se sont inversées : pour Platon, l'échelle des savoirs devait suivre celle des âges, seul l'individu de plus de 50 ans pouvait contempler le Bien. La direction de sa République devait revenir, par une sorte de « gérontocratie tempérée[1] » (Michel Philibert), aux seuls aînés, aptes à prévenir l'anarchie des passions, à orienter les citoyens vers un degré élevé d'humanité. L'exercice du pouvoir était fonction de l'autorité spirituelle. C'est Platon, bien avant le *Benjamin Button* de Scott Fitzgerald, qui dans *Le Politique* imagine qu'autrefois « les vieillards morts sortaient de terre pour vivre leur vie à l'envers » et revenaient à l'état de nouveau-né. Ainsi voyait-il l'enfance comme le terme de l'existence, un retour au point de départ après un long périple. Le commencement était une fin et la fin un commencement.

Nous avons sur le sujet développé une autre vision : depuis un siècle, depuis l'hécatombe de la Première Guerre mondiale qui a vu disparaître toute une classe d'âge sous les ordres de généraux irresponsables, c'est la maturité qui est perçue comme une chute, comme si mûrir, c'était toujours mourir un peu[2]. La guerre a ceci d'abominable qu'elle renverse les priorités et fait périr les fils avant les pères. C'est alors que la jeunesse devient avec le surréalisme et Mai 68, héritiers de Rimbaud, le réservoir de toutes les promesses, la cristallisation même du génie humain. « Ne faites jamais confiance

1. Michel Philibert, *L'Échelle des âges*, Le Seuil, 1968, p. 63.

2. Je renvoie ici à la première partie de *La Tentation de l'innocence* (Grasset, 1995) où j'analyse les métamorphoses du grand âge et la survalorisation de l'enfance et de l'immaturité en Occident.

à quelqu'un de plus de 30 ans», dira l'agitateur et pacifiste américain Jerry Rubin dans les années 60 avant de se transformer à son tour, passé la quarantaine, en homme d'affaires prospère. De cette inversion est née une nouvelle attitude: le jeunisme, symptôme des sociétés vieillissantes, idéologie de grandes personnes qui souhaitent cumuler tous les bénéfices, l'irresponsabilité de l'enfance et l'autonomie de l'adulte. Le jeunisme se détruit à mesure qu'il s'affirme: ceux qui le revendiquent perdent chaque jour un peu plus le droit de s'en réclamer puisqu'ils prennent de l'âge à leur tour. Ils transforment un privilège éphémère en titre de noblesse permanent. Les démolisseurs d'une période deviennent les démodés de la suivante. L'avant-gardiste pose sa candidature anticipée au titre de ringard, le jeune gâteux se transforme en rentier de son gâtisme. Même les baby-boomers, ces fanatiques de l'adolescence, finissent par devenir septuagénaires ou octogénaires. La société du jeunisme a ceci de particulier que, loin d'être le triomphe de l'hédonisme, elle est, dès la petite enfance, obsédée par la sénescence et la traque dans une surmédicalisation préventive. Et la contrefaçon de la jouvence éternelle sonne de plus en plus faux à mesure que le temps passe.

Jusqu'à 30 ans, l'animal humain n'a pas d'âge, juste l'éternité devant soi. Les anniversaires sont pour lui des formalités amusantes, des scansions inoffensives. Viennent ensuite les multiples de dix, la liste des décennies, 30, 40, 50. Vieillir, c'est d'abord cela: être assigné à résidence dans le calendrier, devenir le contemporain d'époques révolues. L'âge humanise la durée mais la rend aussi plus dramatique. Tristesse de rentrer dans le rang, d'être rattrapé par la condition commune. J'ai un âge mais je ne suis pas forcément cet âge, j'enregistre un décalage entre les représentations associées à l'état civil et ce que j'éprouve. Quand ce décalage devient, comme aujourd'hui, massif, quand un citoyen hollandais de 69 ans porte plainte en 2018 contre l'État pour modifier son état civil car il se sent l'âme d'un homme de 49 ans et souffre de discriminations dans son travail comme dans sa vie amoureuse, c'est qu'on assiste à un glissement des mentalités. Pour le meilleur comme pour le pire. On revendique de vivre plusieurs fois, à sa guise. On ne fait plus son âge car l'âge a cessé de nous faire ou de nous défaire: il n'est qu'une variable parmi d'autres. On ne veut plus être rivé à sa date de naissance, à son sexe, à sa couleur de peau, à son statut: les hommes veulent être des femmes et inversement, ou ni l'un ni l'autre, des blancs se prennent pour des noirs, des vieillards pour des poupons, des adolescents maquillent leurs papiers pour boire de l'alcool ou entrer en discothèque, la condition humaine fuit de partout, nous entrons dans l'ère des générations et des identités liquides. Nous ne voulons pas céder à l'intimidation des grands chiffres, nous réclamons le droit de déplacer le curseur à volonté. Naturalisés de fraîche date dans la tribu des quinquagénaires ou des sexagénaires, nous commençons par en refuser les codes. L'âge est une convention à laquelle chacun s'adapte avec plus ou moins de bonne grâce. Il emmure les individus dans des rôles, des postures que le développement des sciences et l'allongement de la durée rendent désuets. De ce carcan, beaucoup souhaitent aujourd'hui s'affranchir et profiter de ce moratoire entre maturité et vieillesse pour réinventer un nouvel art de vivre. Ce qu'on peut appeler l'été indien de la vie ; la génération des baby-boomers en est à cet égard la pionnière, elle qui crée le chemin qu'elle arpente. Elle a réinventé la jeunesse, elle croit réinventer la vieillesse. L'on reste vaillant tant que l'âge psychologique ne coïncide pas avec l'âge biologique et social. La nature est peut-être notre maître, elle est moins que jamais notre guide. Nous avançons en résistant à ses oukases puisqu'elle ne nous construit qu'en nous détruisant, avec son indifférence majestueuse.

Autobiographie intellectuelle autant que manifeste, ce livre traite d'une seule question : le temps long de la vie. Il envisage cette période médiane, au-delà de 50 ans, où l'on n'est ni jeune ni vieux mais toujours habité d'appétits foisonnants. Dans cet intervalle se posent avec acuité toutes les grandes questions de la condition humaine : veut-on vivre longtemps ou intensément, recommencer ou bifurquer ? Qu'en est-il du remariage, d'une nouvelle carrière ? Comment éviter la fatigue d'être, la mélancolie des crépuscules, comment traverser de grandes joies et de grandes douleurs ? Quelle est la force qui nous maintient à flot contre l'amertume ou la satiété ? Ces pages sont dédiées à tous ceux qui rêvent d'un nouveau printemps en automne et souhaitent repousser l'hiver au plus loin dans les saisons de la vie.

PREMIÈRE PARTIE
L'été indien de la vie

CHAPITRE 1

Renoncer au renoncement

> « Vieillir est encore le seul moyen qu'on ait trouvé pour vivre longtemps. »
>
> SAINTE-BEUVE

Qu'est-ce qui a changé depuis 1945 dans nos sociétés ? Ce fait fondamental : la vie a cessé d'être brève, aussi éphémère qu'un train qui passe pour reprendre une métaphore de Maupassant. Ou plutôt, elle est simultanément trop brève et trop longue, oscillant entre le fardeau de l'ennui et le scintillement de l'urgence. Elle s'étire en d'interminables périodes ou passe comme un songe. Depuis un siècle, en effet, l'espèce humaine joue les prolongations, du moins dans les pays riches, où l'espérance de vie a augmenté de vingt à trente ans. Une permission, variable selon le sexe et la classe sociale, est offerte à chacun par le destin. La médecine, « cette forme armée de notre finitude » (Michel Foucault), nous accorde une génération supplémentaire. Immense progrès puisque à cette volonté de vivre pleinement correspond le recul du seuil d'entrée dans la vieillesse, qui commençait, il y a deux siècles, à la trentaine[1]. L'espérance de vie qui était de 30 à 35 ans en 1800 a augmenté de 45 à 50 en 1900 et nous gagnons chaque année trois mois supplémentaires. Une petite fille sur deux qui naît aujourd'hui sera centenaire. En quoi la longévité rejaillit sur tous dès l'enfance : elle ne concerne pas seulement ceux qui approchent du terme mais toutes les classes d'âge. Savoir dès 18 ans qu'on vivra peut-être un siècle, c'est le cas des *millenials*, bouleverse complètement notre conception des études, de la carrière, de la famille, des amours, fait de l'existence une longue route sinueuse qui musarde, vagabonde, autorise les ratages, les reprises. Désormais *nous avons le temps* : inutile de se précipiter, de se marier et de procréer à 20 ans, de finir ses études trop tôt. Nous pouvons connaître plusieurs formations, plusieurs métiers, plusieurs mariages. Les ultimatums posés par la société sont moins ignorés

1. Patrice Bourdelais, dans *Le Débat* n° 82 (mai 1994), rappelle qu'en 1750, seuls 7 à 8 % de la population française fêtaient leur soixantième anniversaire. En 1985, 82 % des adultes et jusqu'à 92 % des femmes ont une chance d'atteindre l'âge de 60 ans. Un sexagénaire de nos jours a encore ses parents, une parentèle de collatéraux, des enfants et des petits-enfants. Jusqu'à quatre générations peuvent cohabiter dans une même famille, surtout chez les femmes. Au XVIIIe siècle, la vieillesse commençait quand on ne pouvait plus porter les armes, soit à 60 ans. Si l'espérance de vie maximale ne dépasse guère 110 ans, elle est désormais le fait d'un plus grand nombre. Le nombre de centenaires croît en France de 7 % par an.

que contournés. Nous y gagnons une vertu : l'indulgence envers nos propres hésitations. Et un défi : l'affolement devant les choix.

La porte battante

50 ans, c'est l'âge où commence vraiment la brièveté de la vie. L'animal humain connaît alors une sorte de suspension, entre deux eaux. Jadis, le temps était mouvement vers une fin, perfection spirituelle ou accomplissement, il était orienté. Voilà qu'une parenthèse inédite s'ouvre, entre ces deux périodes. De quoi s'agit-il en l'occurrence ? *D'un sursis qui laisse la vie ouverte comme une porte battante.* Formidable avancée qui bouleverse tout, les rapports entre générations, le statut du salariat, la question conjugale, le financement des assurances sociales, le coût de la grande dépendance. Une nouvelle catégorie apparaît entre la maturité et le grand âge : celle des « seniors », pour reprendre un terme latin[1], en bonne forme physique et souvent mieux

1. Les Romains distinguaient, pour les hommes uniquement, l'*infans*, de 0 à 6 ans, le *puer* de 7 à 16, l'*adulescens* de 17 à 29, le *juvenis* de 30 à 45, le *senior* de 46 à 59, le *senex* de 60 à 79 et l'*aetate provectus*, au-delà de 80, avancé en âge ou, mot à mot, par le temps de la vie poussé en avant. Le latin a deux mots pour le temps : *tempus* et *aetas*. *Aetas*, c'est le temps de la vie, issu du mot *aevum* qui signifie la vie et la durée de vie, en grec *aïon*, qui veut dire aussi moelle épinière, considérée comme le siège de la vie.

dotée que le reste de la population. C'est le moment où beaucoup, ayant élevé leurs enfants et accompli leurs devoirs conjugaux, divorcent ou se remarient. Ce changement n'affecte pas seulement le monde occidental : en Asie, en Afrique, en Amérique latine, la baisse de la fécondité s'accompagne du vieillissement de la population sans que les conditions matérielles de cet état aient été pensées[1]. Partout les pouvoirs publics songent à remettre cette fraction de la population au travail et ce jusqu'à 65 ou 70 ans. Le grand âge n'est plus seulement le lot d'un petit nombre de survivants, il est désormais l'avenir d'une partie majeure de l'humanité, à la seule exception de la classe ouvrière blanche américaine, soumise à une hausse inquiétante de

1. Au Japon, 40 % de la population aura plus de 65 ans en 2040. On y compte aujourd'hui 65 000 centenaires. En Chine, où la politique de l'enfant unique n'a pas permis d'assurer le renouvellement des générations, on ne dénombre que 22,6 millions de citoyens de plus de 80 ans. La chute des naissances risque de peser sur le développement du pays qui sera vieux avant d'être riche, selon la formule officielle. En Inde, 87 millions de personnes ont plus de 60 ans dont la moitié est pauvre et sans revenus. En 2060, il y aura 200 000 centenaires en France. Depuis 2014, l'espérance de vie plafonne en France à 79,4 ans pour les hommes et 85,3 pour les femmes. Le phénomène touche tous les pays développés sans que les experts puissent donner une cause univoque. La France reste toutefois un des leaders mondiaux en matière d'espérance de vie. Sur le sujet, voir *L'Erreur de Faust. Essai sur la société du vieillissement*, Descartes & Cie, 2019, de Jean-Hervé Lorenzi, François-Xavier Albouy et Alain Villemeur.

la mortalité[1]. En 2050, il devrait y avoir à l'échelle du globe deux fois plus de personnes âgées que de bambins. En d'autres termes, il n'y a plus une mais plusieurs vieillesses et seule mérite ce nom celle qui précède immédiatement la mort. Il faut procéder à un découpage plus fin de l'échelle des générations.

Mais la brièveté est aussi facteur d'intensité et explique la fébrilité de certains à dévorer les jours restants, pressés de rattraper ce qu'ils ont raté ou de prolonger ce qu'ils ont connu. C'est l'avantage des comptes à rebours : ils nous rendent avides de chaque moment qui passe. Après 50 ans, la vie devrait être requise par l'urgence, habitée d'une variété inépuisable d'appétits[2]. D'autant que nous pouvons à tout moment être emportés par une maladie, un accident. « De ce que je suis maintenant, il ne s'ensuit pas que je doive être encore

---

1. Selon le Prix Nobel d'économie Angus Deaton l'espérance de vie de la population des Appalaches est inférieure à celle du Bangladesh. Il explique cette épidémie de mort par le désespoir social, l'obésité et la crise des opiacés, une consommation massive d'antidouleurs vendus par des laboratoires pharmaceutiques indélicats, générateurs d'un nombre hallucinant d'overdoses. Cette mortalité touche également les classes ouvrières blanches de Grande-Bretagne et il serait intéressant de voir si le mouvement des Gilets jaunes en France relève de la même problématique. Rappelons que la différence d'espérance de vie entre les 5 % les plus riches et les 5 % les plus pauvres en France est de treize ans.

2. Sur le sujet voir le livre très personnel et littéraire de Christine Jordis, *Automnes. Plus je vieillis, plus je me sens prête à vivre*, Albin Michel, 2017.

après[1] », disait René Descartes. L'incertitude du lendemain, en dépit des progrès de la médecine, n'est pas moins tragique qu'au XVIIe siècle et n'atténue pas la précarité de chaque jour qui se lève. La longévité est une vérité statistique, nullement une garantie personnelle. On se tient sur une ligne de crête qui permet de voir le panorama des deux côtés.

Il faut ici distinguer entre le futur comme catégorie grammaticale, et l'avenir comme catégorie existentielle, laquelle implique un lendemain non plus contingent mais voulu et désiré. L'un est subi, l'autre construit, l'un relève de la passivité, l'autre de l'activité consciente. Demain il fera froid ou pluvieux mais quel que soit le temps je partirai en voyage parce que je l'ai décidé. On peut rester vivant très tard mais existe-t-on encore, au sens où Heidegger distinguait l'être qui consiste en lui-même de l'existant qui se projette en avant[2] ? Pour un homme « le plus lourd fardeau c'est de vivre sans exister[3] », disait plus simplement Victor Hugo. Que faire de ces vingt ou trente ans de plus qui nous tombent dessus par inadvertance ? Nous voilà comme des soldats qui allaient être démobilisés et qu'on enrôle pour d'autres batailles. Les jeux sont faits pour l'essentiel, l'heure des bilans semble venue et pourtant il faut continuer. La

1. Cité par Georges Poulet, *Études sur le temps humain*, tome I, Pocket, 1989, p. 73.

2. Heidegger, *Qu'est-ce que la métaphysique ?*, Questions I et II, Gallimard, 1938, pp. 34-35.

3. Victor Hugo, *Les Châtiments*, Hachette, 1932, p. 337.

vieillesse constitue un réconfort paradoxal pour ceux qui ont peur de vivre et se disent que là-bas, au terme d'un long chemin, se tient enfin la Terre promise du Répit où ils pourront baisser les bras et déposer leurs fardeaux. L'été indien, cette nouvelle arrière-saison, inédite dans l'histoire, dément leurs espérances. Ils voulaient se donner congé, ils se doivent de persister.

Ce sursis, vide de tout contenu a priori, est à la fois passionnant et angoissant. Il faut remplir cette moisson de jours supplémentaires. « Mon progrès, c'est d'avoir découvert que je ne progresse plus », écrira Sartre dans *Les Mots* en 1964 [1], il a alors 59 ans et confesse sa nostalgie de « la jeune ivresse de l'alpiniste ». En sommes-nous encore là, un demi-siècle plus tard ? Les échéances raccourcissent, les possibles s'amenuisent mais il y a encore de la découverte, des surprises, des amours bouleversantes. Le temps est devenu un allié paradoxal : au lieu de nous tuer, il nous porte, il est le vecteur de l'angoisse et de l'allégresse, « mi-verger, mi-désert » (René Char). La vie s'attarde comme s'attardent ces longues soirées d'été où l'air embaumé, les mets exquis, la compagnie chaleureuse donnent à chacun l'envie de prolonger ce moment magique et de ne jamais aller dormir.

La longévité n'est pas un simple ajout d'années, elle modifie profondément notre relation à l'existence. Elle permet d'abord à plusieurs humanités

1. Jean-Paul Sartre, *Les Mots*, Folio Gallimard, pp. 201-202.

diachroniques de cohabiter sur terre avec des références et des mémoires différentes. Quoi de commun entre un homme qui touche au siècle, a connu l'après-Première Guerre mondiale, la Seconde, la guerre froide, la chute du Mur et un enfant qui naît dans un environnement d'écrans connectés et d'hyper-technologie ? Quoi de commun entre moi et moi-même, celui que je fus autrefois et ce que je suis devenu ? Rien d'autre qu'une carte d'identité. Les chronologies s'entrechoquent sans lien évident les unes avec les autres, les références divergent, créant entre l'aîné et le cadet de véritables problèmes de traduction : ils ne parlent plus la même langue. La longévité désarme les incompatibles : aujourd'hui, on peut être une chose et une autre, père, grand-père et arrière-grand-père par exemple, vieillard et sportif, mère et porteuse de l'enfant de sa fille et de son gendre. C'est Mathusalem à tous les étages mais un Mathusalem pétulant : un homme peut procréer jusqu'à 75 ans et engendrer un nouvel enfant au moment où son aîné lui donne un petit-fils [1], l'oncle ou la tante auraient alors quarante ans de moins que leur neveu ou nièce, le cadet un demi-siècle de moins que son grand frère. La science permet de véritables permutations temporelles, les lignées s'enchevêtrent au lieu de se succéder tels les câbles d'un central téléphonique, les hiérarchies familiales sont bousculées, c'est un gouffre qui s'ouvre devant nous et balaye tous les repères. Si demain, par hasard,

1. L'exemple est tiré de Michel Philibert, *op. cit.*, p. 174.

les centenaires devenaient majoritaires, ils considéreraient les septuagénaires comme des gamins mal élevés et s'écrieraient: ah, ces jeunes, ils ne respectent rien!

Tel est le Sursis: *l'omission provisoire du dénouement*, une incertitude fondamentale. L'existence n'est plus une flèche qui conduit de la naissance à la mort mais une «durée mélodique» (Bergson), un mille-feuille de temporalités qui se superposent. Plutôt que de rêver d'une suspension des jours («Ô temps suspends ton vol», demandait Lamartine. Mais «combien de temps?» rétorquait Alain), voilà que l'on bénéficie d'un don inespéré. Jouir d'un supplément, c'est faire le deuil du deuil comme ces malades du sida que la trithérapie a sauvés in extremis. Le bourreau a suspendu sa hache. La vie humaine se déroule exactement à l'inverse d'un roman policier: nous connaissons la fin, nous savons qui est le coupable, nous n'avons aucune envie de le confondre, nous mettons même tout notre talent à ne pas le démasquer. Dès qu'il pointe son nez, nous le supplions: reste caché, nous avons besoin de nombreuses années encore avant de te trouver. Le dernier chapitre d'un livre peut être aussi passionnant que les précédents même s'il les récapitule.

Si le privilège de la jeunesse est de rester indéfinie, elle ne sait pas ce qui va se passer, celui de l'été indien est de tricher avec la conclusion. *Il est l'âge de l'équivoque entre la grâce et l'effondrement.* Après 50 ans, l'insouciance est passée, chacun est devenu plus ou moins ce qu'il était censé devenir et se sent libre désormais de persévérer dans son être ou de se réinventer[1]. La maturité agrège en une seule personne des univers dissemblables que la post-maturité va brasser à nouveau, tel un accélérateur de particules. Adolescence inédite, puberté tardive, beaucoup l'ont souligné : à l'âge du déclin, il ne s'agit plus tant de choisir sa vie que de la perpétuer, de l'infléchir ou de l'enrichir. Comment faire bon usage de ce reliquat ? *This is the first day of the rest of your life*, disent les Anglo-Saxons. Le reste commence dès le premier jour mais il ressemble alors à de l'opulence et se contracte ensuite. Le temps est comme l'amour chez Platon, fils de pauvreté et d'abondance, il est le mûrissement indispensable, l'attente féconde qui éclot mais aussi l'usure, l'épuisement. Prendre de l'âge, c'est entrer dans l'ordre du calcul : tout nous est compté, chaque jour qui passe raréfie les options, nous oblige au discernement.

Mais l'adolescence paradoxale du quinquagénaire ne débouchera sur aucune raison supérieure. Claude Roy parle magnifiquement de « cette façon qu'a la vie de ne pas finir ses phrases ». Il est humain de ne pas l'achever, de la laisser comme une fenêtre entrouverte. Ce sont les autres qui la

---

1. Sur cette redéfinition des âges de la vie, voir le livre fondateur de Michel Philibert déjà cité. Ainsi que Marcel Gauchet, *Le Débat*, 2004, 2005, n° 132, et la synthèse magistrale d'Éric Deschavanne et Pierre-Henri Tavoillot, *Philosophie des âges de la vie*, Grasset, 2007.

fermeront et mettront le point final, non sans disputer sur notre sort. Kierkegaard dans un livre célèbre distinguait trois étapes sur le chemin de la vie : le stade esthétique, celui de l'immédiateté, le stade éthique, celui de l'exigence morale, et le stade religieux, celui de l'accomplissement [1]. Le propos est stimulant mais qui pourrait encore diviser son parcours en trois parties aussi nettes que le plan d'une dissertation ? L'existence est une perpétuelle introduction à elle-même et ce jusqu'au bout, il n'y a pas de gradation. Nous ne sommes domiciliés dans le temps qu'en étant en permanence expulsés, mis à la porte du présent. Nous sommes les sans-logis de la durée.

Douche froide

Reste cette duperie fondamentale : ce n'est pas la vie que la science, les techniques ont prolongé, c'est la vieillesse. Le véritable prodige serait de nous maintenir jusqu'aux portes de la mort dans l'état et avec l'apparence d'un adulte de 30 ou 40 ans, frais et dispos, de nous installer à tout jamais dans l'âge de notre choix. Même si la technologie dite « prolongéviste » y travaille, par une série de traitements, d'interventions, de recherches sur les cellules et la

1. Sören Kierkegaard, *Étapes sur le chemin de la vie*, 1845, Tel Gallimard, 1979.

mitochondrie[1], nous en sommes loin. Ces années sabbatiques sont un cadeau empoisonné : l'on vit plus longtemps mais malade alors que l'espérance de vie en bonne santé stagne[2]. La médecine est devenue une machine à fabriquer du handicap et de la démence[3]. C'est vingt ans de vie déjà usée qu'on nous alloue ! On aimerait garder son visage préféré, celui qu'on a élu parmi tous ceux que l'évolution nous a accordés ou le retrouver d'un coup de bistouri. Prendre de l'âge n'est tolérable que si l'on reste décent de corps et d'esprit.

La terreur du vieillissement augmente donc à

---

1. Voir Laurent Schwartz, *Vers la fin des maladies ? Une approche révolutionnaire de la médecine*, préface de Joël de Rosnay, Les liens qui libèrent, 2019. Dans sa préface, Joël de Rosnay crédite le docteur Schwartz de remplacer la complexité par la « simplexité » qui permettrait de regrouper les maladies dans quelques grandes catégories pour les traiter de manière globale. S'il y parvenait, ce serait un grand progrès pour la médecine personnalisée, prédictive et proactive de demain.

2. Selon le biologiste Jean-François Bouvet, l'on vit plus longtemps mais plus longtemps en mauvaise santé. Pour que l'espérance de vie progresse, il faudrait que la lutte contre le cancer et les maladies neurodégénératives progresse pour les hommes comme pour les femmes. En revanche, si la probabilité de mourir pour un centenaire dans l'année est de 50 %, cette probabilité décroît après 105 ans, selon Elisabetta Barbi de l'université Sapienza de Rome (étude parue dans la revue *Science* le 29 juin 2018). Certes la nouvelle est encourageante mais encore faut-il y arriver, faire partie des happy few…

3. Anne-Laure Boch, neurobiologiste, *Le Débat*, 2013, nº 174.

mesure que la vie s'allonge et que *la vieillesse vieillissante* recule. Elle apparaît de plus en plus tôt, commence dès l'adolescence. Des jeunes filles de 20 ans font congeler leurs ovocytes, entament des opérations esthétiques, se font refaire le nez, les lèvres, les seins, le postérieur au seuil de l'existence. La chirurgie devient l'accessoire obligé de toute une génération qui rêve de métamorphoses au risque de créer une humanité de clones. L'anatomie reçue n'est pas l'anatomie rêvée et l'anatomie rêvée ne se satisfait jamais de l'anatomie constatée. La peau n'est jamais assez tendue, re-densifiée, re-pulpée, la poitrine assez remontée, les pommettes assez soulignées. La panique de n'être pas conforme s'installe dès la sortie de l'enfance. Les liftings commencent au moindre relâchement. Tant de maux ont été vaincus : on s'étonne qu'ils ne puissent tous l'être sur l'heure. Aux calamités classiques s'ajoute celle de ne pouvoir venir à bout du malheur. Les avancées formidables de la médecine nous font miroiter la quasi-disparition de l'adversité.

« Vieillir, c'est bientôt fini », titrait un magazine en 1992[1]. Incroyable nouvelle. Si la vieillesse n'était déjà plus, à l'époque, qu'une question de temps, si nous réussissons à la repousser, à faire reculer l'horloge biologique, alors l'ennemi ultime, la mort, devrait prochainement être terrassé. Il faut nous guérir d'abord de cette maladie mortelle qu'est la vie puisque celle-ci s'arrête un jour. Nous restons

1. *Le Figaro Magazine*, 14 novembre 1992.

partagés entre l'épouvante de la décrépitude et l'espérance folle d'un miracle : la certitude déraisonnable, grâce aux derniers développements de la science, d'en avoir fini avec la maladie et le trépas. Nous rêvons puérilement d'être épargnés, envers et contre tout, et que soient révélées enfin les lois de la longévité, grâce, par exemple, à l'épigénétique ou au séquençage de l'ADN des super-centenaires [1].

C'est ainsi qu'il faut comprendre l'insurrection contemporaine contre la mort dont le transhumanisme reste le principal étendard. On distingue de moins en moins entre les fatalités modifiables – freiner le délabrement physique, prolonger l'existence – et les fatalités inexorables – la finitude et le décès. Ce dernier n'est plus le terme normal d'une vie mais un échec thérapeutique à corriger toutes affaires cessantes. Viendra le moment où l'on se scandalisera de périr, certains que les progrès de la recherche, à quelques années près, nous auraient permis de survivre. Nous sommes victimes d'un contre-temps, l'époque nous doit la guérison. La modernité nous fait miroiter la possibilité d'une maîtrise du vivant, d'une « seconde création » qui ne devrait plus rien aux hasards de la nature. Ce ne sont plus ces ambitions qui nous paraissent folles mais le retard ou

1. En France un programme baptisé « Chronos » conduit par la fondation Jean-Dausset a prélevé dès les années 90 le sang de nonagénaires, de centenaires et de la super-centenaire Jeanne Calment (dont le record de longévité a été remis en cause en 2018 par des chercheurs russes). Sur l'épigénétique, voir Joël de Rosnay, *La Symphonie du vivant*, Editions LLL, 2018.

les entraves mises à leur réalisation. On a réussi à « rendre intolérable l'intervalle entre l'idéal et le réel » (Marx), attitude qui peut pousser à l'action réformatrice ou à la récrimination stérile.

En érigeant la longévité en norme absolue, la civilisation rend plus inadmissible la sénilité, la perte des forces, la dépendance. Insupportable constat : nous continuons à vieillir et à mourir. Les promesses fabuleuses des transhumanistes, soucieux de remodeler la vie à l'aide du génie biologique et de l'intelligence artificielle, se révèlent, pour l'heure à tout le moins, d'aimables spéculations, Faust réécrit en langage digital. On doit leur reprocher, non pas d'être prométhéennes mais de ne pas l'être assez. Elles ont pris le relais de l'avenir radieux du communisme mais sur des bases scientifiques. C'est une même consolation, un même rêve d'omniscience et de toute-puissance sur soi et sur le monde. Pour elles, c'est le corps, « cette carapace anachronique » (David Le Breton), qu'il faut liquider, remodeler dans une nouvelle genèse technologique[1]. Nous étions charognes et viscères, devenons cyborgs et silicium. Nous nous tenons vraiment à l'entrecroisement de deux mentalités : l'une classique, qui assigne un destin à chaque âge, l'autre plus récente qui s'insurge contre ce fatalisme et veut en repousser les frontières, améliorer l'être humain. Cette ingénierie visant à nous remodeler, à nous augmenter suscite à la fois notre scepticisme et notre admiration.

1. David Le Breton, *L'Adieu au corps*, Métaillé, 2013, p. 13.

Le transhumanisme, les biotechnologies éveillent autant de haines que d'espoirs insensés. Mais si elles permettent l'avancée de la recherche, pourquoi les condamner a priori et ne pas se montrer plus pragmatique à leur égard (Luc Ferry)[1] ? On nous promet l'accession aux 150 ans grâce aux recherches sur les cellules sénescentes d'ici le milieu du siècle. Pourquoi pas ? Nous ne serons plus là pour le voir mais bonne chance à nos descendants.

On nous assurait l'éternité pour l'année prochaine, les esprits chagrins en venaient même à déplorer la mort de la mort et nous enregistrons l'abîme entre les ambitions affichées et les résultats enregistrés. L'inévitable n'a pas été aboli, il a été repoussé : on vend plus de couches pour les vieux que pour les bébés en Allemagne et au Japon ! N'ajoutons pas au malheur de vieillir l'absurdité d'en nier la tristesse ou d'en promettre l'abolition. Notre pouvoir, à la fois considérable et dérisoire, est d'en reculer les effets, d'en freiner les dégâts : cette marge de jeu est la marge de notre liberté. Sans compter qu'à cette période de la vie, le gouffre noir de la dépression guette souvent les caractères les mieux trempés. Ce n'est pas des seuls progrès de la recherche qu'on peut attendre une amélioration du statut des aînés, mais aussi de celui des mentalités.

Quoi qu'il en soit, le corps ne ment pas, le corps commande. Il nous dit : l'avenir est encore possible,

1. Sur les progrès des technosciences et l'ubérisation de la société, Luc Ferry, *La Révolution transhumaniste*, Plon, 2016.

mais à mes conditions. Si vous ne me respectez pas, vous le payerez très cher. À partir de 45 ans, nous explique la médecine, l'être humain vit avec un pistolet sur la tempe. Il lui revient de freiner le coup ou d'actionner la gâchette. Il faut distinguer ici le corps hérité du corps vécu et du corps maintenu qui est surtout un corps vulnérable, constamment rafistolé, telle une vieille berline élégante qui tombe en panne et que l'on répare avec obstination jusqu'au prochain accident. Vient un moment où la santé consiste à passer d'une maladie à une autre, sans illusions, où la guérison est plus lente, la convalescence plus longue, ce qui évite la prééminence dangereuse d'une seule pathologie et éparpille la menace entre plusieurs.

TU TE LA RACONTES

Reste à ta place : voilà ce que l'on nous serine depuis l'enfance. Ne crâne pas, ne prends pas tes grands airs. Ne pète pas plus haut que ton cul, pour reprendre cette savoureuse expression française qui date de 1640. Chacun de nous aurait un lieu assigné par ses parents, son milieu d'origine, ses études. Essayer d'atteindre un autre niveau de réussite, de richesse serait oublier d'où l'on vient et qui l'on est. Malheur à qui transgresse cette règle. Les humbles, les déshérités ne devraient pas essayer de parader au-dessus de leurs moyens, devenir esclaves des chimères sociales. Cette intimation s'aggrave avec l'âge.

L'on naît femme ou juif ou noir mais on devient tous vieux un jour (Pascal Champvert). Et ce devenir nous installe d'emblée dans une case réservée : celle des grands adultes qui ont fait leur temps et doivent céder leur tour.

Vivre en général, c'est ne jamais rester à sa place. Notre centre de gravité se situe en dehors de nous, dans des situations que le fatalisme juge inaccessibles. Chaque âme contient en elle des pouvoirs dont elle ne soupçonne pas l'étendue. Qui aspire à une vie tranquille peut la mener à sa guise, surtout après 60 ans, choisir la sédentarité, la rétraction des fantaisies, la volupté amère des fiascos anticipés. Certains êtres se laissent dévitaliser dès le milieu de vie. L'humanité se divise entre deux familles, les calfeutrés et les exposés. Le nombre des premiers augmente vertigineusement avec le temps. Pour les autres l'ambition de se déployer, une fois encore, de parcourir le globe dans tous les sens peut les mener à la désillusion mais aussi à la fulgurance, à l'enthousiasme.

Il la ramène : ainsi sanctionne-t-on ceux qui ambitionnent au-delà de leur condition. À tout âge nous nous la racontons : sans ces subterfuges qui nous haussent à une autre altitude, nous entraînent dans les contrées fabuleuses de notre imagination, nous ne pourrions tout simplement pas supporter le mot à mot de notre vie. Nous enrobons nos moindres actes, projets d'un tissu narratif et poétique qui les magnifie.

La bougeotte et le romanesque : ces maladies de l'adolescence sont de celles qui nous accompagnent la vie entière. Jusqu'au terme, nous rêvons que nos existences aient la consistance d'une fiction. « La conquête du superflu donne une excitation spirituelle plus grande que la conquête du nécessaire. L'homme est une création du désir, non pas une création du besoin[1] » (Gaston Bachelard).

Sagesse ou résignation ?

Quand la durée raccourcit, on doit se forger une morale provisoire. Un quinquagénaire d'aujourd'hui est dans la même situation qu'un nouveau-né de la Renaissance : son espérance de bonne vie est à peu près de trente ans, l'équivalent de la totalité d'une existence pour un Européen, il y a trois siècles. Il devient malgré lui un prophète du court terme. Se trouver ainsi borné accroît l'envie de vivre. L'âge cesse peu à peu d'être un verdict : il n'est plus le seuil au-delà duquel l'être humain serait hors d'usage puisque ce dernier peut encore modifier son destin jusqu'aux derniers instants. « Vieillir, c'est se retirer graduellement de l'apparence », disait Goethe. Il est excellent que les plus de 50 ans souhaitent de

1. Gaston Bachelard, *La Psychanalyse du feu*, Folio Gallimard, 1992, p. 39.

nos jours ne pas rester sur le banc de touche mais persister dans l'apparence, militer contre les discriminations dont ils sont l'objet, alors même qu'ils représentent près de 30 % de la population. Ils se battent sans relâche pour demeurer dans la lumière, ne pas sombrer dans la catégorie des Invisibles.

Avancer en âge, c'est entrer en principe dans la période des réponses enfin acquises et trouvées. On est supposé savoir et comprendre. Mais les réponses échouent à épuiser la richesse des interrogations. Une bonne vie, c'est une question bien posée et qui ajourne indéfiniment son éclaircissement. Dans des sociétés jadis orales comme en Afrique de l'Ouest, tout ancien, ayant reçu l'initiation et capable de dialoguer avec les morts, était censé incarner un trésor de spiritualité. « Quand un vieillard meurt, c'est une bibliothèque qui brûle », énonçait en 1960 l'écrivain malien Amadou Hampâté Bâ. C'est trop souvent, sous nos climats, un disque rayé qui s'arrête. La vieillesse s'oppose traditionnellement à la vitesse : elle marche d'un pas de sénateur, elle a pris le temps de réfléchir et de pondérer ses décisions. Mais le sentiment prédomine aussi à ce moment de la vie que le temps s'écoule à toute allure, que les jours dégringolent les uns sur les autres à la façon d'un château de cartes, qu'il faut désormais compter en demi-années, en mois, voire en semaines. Le grand âge serait ce paradoxe : *une accélération qui ralentit.*

L'automne de la vie a toujours été l'objet d'une définition contradictoire : douceur de s'éteindre dans la considération et le respect de tous mais aussi tristesse d'une vie en rase-mottes, d'une interminable hibernation dans le déclin. On oscille en la matière entre l'éloge prudent et le dénigrement, l'admiration et la répulsion. D'autant que le senior ne doit désormais sa longévité qu'aux progrès de la médecine[1] et non à ses seuls mérites. Il était rare auparavant, auréolé d'un certain prestige, il pullule aujourd'hui. Mais c'est un senior flottant incapable de définir son statut ou de délimiter les cycles fatidiques. « Ne ratez pas le mois de juin radieux de la vie[2] », disait Vladimir Jankélévitch. Mais les mois de septembre, d'octobre, de décembre peuvent également être magnifiques même s'ils paraissent moins solaires.

Classiquement, la vieillesse était le moment de l'apaisement. Celui des grands-parents accueillant leurs petits-enfants avec la bonté aimable de qui peut tout comprendre et tout pardonner. On y décantait l'essentiel de l'accessoire : à travers le dessèchement des corps ne subsistait que le principal, la grandeur de l'esprit et la beauté de l'âme. La vie s'amenuisait, elle tenait tout entière dans une flamme mais cette flamme était sublime, inspirait le respect et l'admiration de tous. Ce modèle s'est brouillé : à la vie qui reste active d'un côté, s'oppose la vie poussive de l'autre, que l'on repousse comme un spectre, celui du vieillard grabataire, en proie à l'extinction. Toute l'énergie pour lui passe à se

---

1. Michel Philibert, *L'Échelle des âges*, Le Seuil, 1968, p. 199.
2. *L'Austérité*, p. 38, cité in Lucien Jerphagnon, *Connais-toi toi-même… et fais ce que tu aimes*, Albin Michel, 2012, p. 296.

préserver, tenir est un combat de chaque jour gagné contre la dislocation[1].

À quoi se superpose un autre cliché : le grand âge serait le moment de se délivrer, étape par étape, de l'appétit trop avide des joies terrestres, de se consacrer à la méditation, à l'étude, de délivrer des oracles en forme de maximes définitives pour mieux se préparer au Grand Départ. Il n'est pas certain qu'un tel abandon semble séduisant à une partie de nos contemporains. En vérité, il se pourrait que le secret d'une vieillesse heureuse réside exactement dans la démarche inverse : *cultiver jusque sur le tard toutes ses passions, toutes ses capacités, ne délaisser aucune volupté, aucune curiosité, se lancer des défis impossibles, continuer jusqu'au dernier jour à aimer, travailler, voyager, rester ouvert sur le monde et sur les autres.* D'un mot, éprouver intacts ses pouvoirs.

À quoi devons-nous renoncer si nous voulons garder l'essentiel ? D'abord à l'impératif du renoncement qui assimile l'âge à l'exténuation progressive de nos désirs. Même si elle finit par nous vaincre et nous exproprier de nous-même, la vieillesse est à reconstruire. Le diktat qui commande de se coucher, de se démettre doit être récusé : la sagesse clas-

1. Certains juristes proposent d'instaurer un régime de séniorité pour protéger les personnes affaiblies des aigrefins et édicter une « présomption simple de vulnérabilité » différente de la tutelle ou de la curatelle. La mesure serait réversible en cas d'amélioration psychique ou physique de la personne à protéger. Didier Guével, professeur de droit privé, in *Recueil Dalloz*, Dalloz, juin 2018, n° 22.

sique n'est peut-être que l'autre nom de la démission. Il faut résister de toutes nos forces à l'appauvrissement de l'existence, à la relégation dans des maisons aux noms fleuris qui sont des mouroirs médicalisés. Jadis, on entrait sans modèle dans l'existence : le roman de formation ou d'apprentissage, né au XVIIIe siècle, aidait les individus à s'orienter dans le dédale des années, à passer du particulier à l'universel alors que s'accentuait la dislocation de l'Ancien Régime ; désormais nous entrons dans l'automne de la vie sans guide puisque cette période n'existait pas comme telle jusqu'au milieu du XXe siècle. Il faudrait parler alors de romans de déformation qui nous désaccoutument des gestes appris, nous désintoxiquent des balivernes immémoriales. Il faut vieillir pacifié, peut-être, mais non résigné. Nous sommes ainsi déchirés entre deux sagesses : le consentement navré à l'inéluctable, l'approbation joyeuse des possibles. Nous balançons de l'une à l'autre. Nous le savons depuis Freud : le temps ne passe pas dans l'inconscient [1], c'est nous qui passons en lui, c'est le registre de l'état civil qui nous assigne une date de naissance. L'âge est une convention sociale adossée à une réalité biologique. Il est toujours possible d'infléchir la convention. Pour finir, bien sûr, nous serons vaincus. L'essentiel, *c'est de ne jamais intérioriser la défaite et ce jusqu'au terme.*

1. Voir J.-B. Pontalis, *Ce temps qui ne passe pas*, Folio Gallimard, 1997.

CHAPITRE 2

Rester dans la dynamique du désir

> « Ma fin de vie me passionne. Je ne me sens pas du tout vieux sauf quand je me rase et que je me vois dans la glace. »
>
> Keith RICHARDS

Tout individu, au-delà d'un certain âge, peut être gagné d'un sentiment d'usurpation ; comme s'il volait le pain des générations suivantes. Non seulement nos ancêtres, par leurs efforts, nous ont octroyé un confort indû mais nous paraissons jouir de cet avantage sur le dos de nos enfants et petits-enfants. Selon un proverbe inusable attribué tour à tour au chef indien Seattle ou à Saint-Exupéry : « Nous n'héritons pas de la terre de nos parents, nous l'empruntons à nos enfants. » Nous serions la génération cannibale qui profite des deux côtés de l'histoire, laisse derrière elle une dette énorme et s'octroie des privilèges qui sont autant de larcins. Et nos successeurs ont le sentiment de vivre moins bien que nous. Ils nous maudissent en plus d'anticiper ce qui les attend, la ruine de leur santé, de leurs illusions. Ne serait-il pas temps de quitter la scène ?

Retraite ou débâcle ?

Pour contrer ce ressentiment, il n'est qu'une solution : remettre, *sur la base du volontariat*, les sexagénaires et au-delà au travail[1]. La constitution de toute une classe d'âge en classe de loisir, renfermée sur le seul consumérisme, est une catastrophe, réalisée au nom des meilleures intentions, dans nos sociétés, après la Seconde Guerre mondiale. L'expérience et la perspicacité avancent le plus souvent avec les années : garder ou retrouver une activité, c'est replacer les personnes dans le lien, dans le service aux autres, en refaire des acteurs au plein sens du terme. C'est en finir avec le préjugé des aînés comme classe parasite dont on attend avec impatience qu'ils s'éclipsent pour laisser la place aux plus verts. C'est Paul Lafargue, communiste révolutionnaire, gendre

1. En Russie la décision de Vladimir Poutine en 2018 de repousser l'âge de la retraite à 65 ans alors que l'espérance de vie est de 67,5 ans pour les hommes, en raison de l'alcoolisme et de soins médicaux déficients, a été très mal accueillie. En Belgique, la retraite sera fixée à 67 ans en 2020, ce qui est déjà le cas en Allemagne. La France a fixé le départ à la retraite, sous certaines conditions, à 62 ans en recommandant, pour des raisons d'équilibre des comptes, de la repousser à 64. Il faut éviter à tout prix une guerre larvée entre générations puisque les jeunes devront payer pour les plus âgés qui leur laissent par ailleurs un déficit énorme : « Les gains de longévité doivent être considérés comme de la vie oisive, à la charge des générations actives. Monstruosité contraire à l'évidence », François de Closets, cité in Colette Mesnage, *Éloge d'une vieillesse heureuse*, Albin Michel, 2013, p. 190.

de Karl Marx et auteur du *Droit à la paresse* qui aura inventé la société de consommation : dans sa cité idéale, une loi d'airain interdit de travailler plus de trois heures, les machines produiront toutes seules l'opulence nécessaire et, le reste du temps, hommes et femmes ripailleront, monteront des spectacles pour se moquer de l'ancien monde, se divertir dans une interminable vacance[1]. Par une étrange torsion de l'histoire, cette utopie bouffonne, éloge d'un vide permanent dans la distraction, triomphera d'abord dans la très capitaliste Amérique du Nord qui invente au XXe siècle l'empire du divertissement sans abolir pour autant le rôle du labeur.

Il y a dès le départ une ambiguïté de la retraite. On dit que le chancelier Bismarck, inventeur du système à répartition, en 1889, et soucieux de couper l'herbe sous le pied aux sociaux-démocrates, aurait demandé à un statisticien : « À quel âge peut-on fixer la retraite de façon que nous n'ayons rien à payer ? » « Votre Honneur, à 65 ans », aurait répondu l'expert. La plupart des employés du gouvernement s'éteignaient à cette date[2]. L'on veut bien indemniser les travailleurs à condition qu'ils décèdent précocement. S'ils ont l'outrecuidance de survivre deux ou trois décennies, la machine se grippe et devient un gouffre financier. Cette conquête sociale, instaurée en France

1. Sur ce thème, voir Jean Starobinski, « L'ordre du jour », in *Le Temps de la réflexion*, Gallimard, 1983, pp. 123-124.

2. Cité par Norberto Bobbio, *Le Sage et la politique*, Albin Michel, 2004, traduit de l'italien par Pierre-Emmanuel Dauzat, p. 101.

en 1945, a pour autre conséquence de fabriquer le vieillissement qu'elle est censée soulager[1]. Certaines tâches pénibles requièrent une cessation des activités pour un corps usé par des gestes répétitifs. Mais pour les autres, ce départ est *une double peine*, la conjonction de l'appauvrissement et de l'âge, la sortie de la vie active couplée à une rémunération qui baisse, le «mariage de la faim et de la soif» pour reprendre un proverbe ancien. La fin obligatoire du travail à partir de la soixantaine, modulée différemment selon les métiers, nous plonge dans la malédiction du loisir absolu érigé en mode de vie comme si des populations entières de têtes blanches étaient plongées à nouveau dans l'univers infantile du parc d'attractions. Ce temps libre n'est, le plus souvent, pas utilisé pour se cultiver mais pour s'hypnotiser face aux écrans qui se taillent la part du lion. Vieillir, c'est s'abreuver à outrance de cette tisane des yeux que sont la télévision ou le Web. Cauchemar des *gated communities* aux États-Unis, ces goulags pour personnes âgées coupées du reste du monde, interdits aux enfants et aux jeunes adultes. L'idée que le travail est un gâteau fixe qui doit être partagé entre tous relève du malthusianisme économique; il est au contraire une quantité flexible et toujours modifiable selon l'innovation et le dynamisme d'un pays. Les jeunes et les seniors n'ont pas les mêmes compétences et celles-ci peuvent se compléter au lieu de s'annu-

1. Éric Deschavanne, Pierre-Henri Tavoillot, *Philosophie des âges de la vie*, *op. cit.*, pp. 494 sqq.

ler. On postule stupidement, surtout en France, qu'il n'est de destin authentique que loin du travail et qu'il faut attendre un certain âge pour commencer à jouir du monde. Voir des trentenaires ou des quadragénaires rêver de partir à 60 ans pour enfin profiter de leur temps libre est un crève-cœur : la vraie vie est ici, maintenant, tout de suite, en dépit des corvées, des contraintes, des obstacles. Le loisir devient alors une activité à laquelle on s'applique avec obstination pour mieux faire le deuil de sa carrière antérieure. On envoie au rebut des adultes parfaitement sains de corps et d'esprit qui dépérissent après quelques mois d'inertie ou sombrent dans la dépression. Sans oublier ce nouveau cas de figure : celui du mari au foyer qui a passé les 65 ans, bourdon improductif et dont la femme, plus jeune, continue à travailler et rapporte la paye à la maison. Le succès des Gilets jaunes en France à l'automne 2018 s'explique en partie par le rôle actif qu'ont joué les sexagénaires et septuagénaires sur les ronds-points, enfin arrachés à leur solitude, à leur vacuité. Ces anars aux cheveux blancs ont retrouvé pour quelques mois un sens à la vie, une utilité. Durant ce Mai 68 pour retraités, ils sont sortis *du cauchemar du désœuvrement obligatoire.*

Des instituts de sondage nous l'assurent : c'est à 70 ans qu'on se sentirait le plus heureux, selon *The Economist*[1], grâce au détachement et à la bonne

1. « Age and happiness », *The Economist*, 18 décembre 2010, cité in Martine Boyer-Weinmann, *Vieillir, dit-elle*, Champ Vallon, 2013, p. 152.

humeur face au stress. Peut-être, mais ce détachement n'est-il pas lié au fait qu'on est sorti du monde, qu'on est privé de tout levier pour agir sur lui ? Est-on vraiment plus épanoui à 70 ans qu'à 40, parce qu'on s'est libéré des choses matérielles[1] ? On postule une corrélation entre l'arrêt du labeur et la tranquillité d'esprit et l'on oublie les manifestations de retraités protestant contre le rognage de leur pension et la sensation de vide qui suit le passage à l'inaction. L'on repeint alors l'alliance de la pauvreté et de la vieillesse aux couleurs de la jubilation.

Simone de Beauvoir, dans les années 70 du XXe siècle, décrivait la femme de 50 ans, dépourvue d'indépendance économique et frappée d'une disponibilité vaine : elle n'a plus d'obligations, les enfants ont grandi, le rôle de grand-mère n'a guère d'attraits, elle reste en pleine possession de ses moyens mais végète dans le désert de l'ennui. « Elle contemple ces longues années sans promesse qui lui restent à vivre et elle murmure : "Personne n'a besoin de moi[2]"… » Elle se sent inutile. Ce quali-

1. « On retrouve à 70 ans le bonheur d'une jeune personne de 30 ans. À 80 ans, on a retrouvé (en moyenne) la joie de ses 18 ans. Comment comprendre ce résultat surprenant ? (…) La vieillesse libère d'un poids, celui d'accumuler des biens inutiles pour redonner leur place aux biens intrinsèques », écrit Daniel Cohen commentant avec approbation un sondage in *Homo Economicus. Prophète égaré des temps nouveaux*, Albin Michel, 2013, p. 27.

2. *La Force de l'âge*, Folio Gallimard, p. 468, cité in Deschavanne et Tavoillot, *op. cit.*

ficatif s'applique à tous ceux qui ont occupé un jour un emploi. L'expérience acquise, les compétences confirmées sont disqualifiées au motif qu'il faut laisser la place aux plus verts qui piaffent de faire leurs preuves. Véritable dévastation pour ceux qu'on force à l'arrêt alors qu'ils ne demandaient ni le calme ni la paix et voulaient rester présents dans leur domaine. *La vérité d'une vie épanouie est dans l'épreuve qui fortifie et non dans le repos qui affaiblit.* Le retraité est périmé aux yeux de la société mais toujours gaillard, aux siens. La liberté, masquée à l'âge adulte par les responsabilités professionnelles et familiales diverses, lui revient, aussi séduisante que terrifiante. Il lui faut alors retrouver des raisons de vivre, en dehors du simple divertissement ou du bénévolat. Une chose est d'instituer « une banque du temps » comme en Suède pour permettre aux salariés de faire une pause de quelques années sabbatiques [1] ou de se donner des respirations dans une carrière. Une autre est de forcer au départ ceux qui ne le souhaitent pas au motif qu'ils ont dépassé la date de validité [2]. Une suspension provisoire n'est pas l'équivalent d'un délassement forcé. La retraite : l'exemple même d'une grande conquête qui se transforme en calamité pour ses bénéficiaires.

---

1. Cité par Éric Deschavanne et Pierre-Henri Tavoillot, *op. cit.*, p. 487.

2. En France la loi permet de compléter sa pension par un travail parallèle, avec des modalités différentes pour les fonctionnaires et les professions libérales. Pour l'instant, seul un pourcentage infime de retraités, 5 %, en profite.

L'âge philosophique

Avancer dans l'existence, c'est réciter une liste de désastres si évidents qu'il serait fastidieux de les énumérer. Mais à s'attacher ainsi au catalogue des pénitences, on rate l'essentiel : on vit de mieux en mieux et de plus en plus vieux. À l'âge où nos ancêtres entraient déjà dans les ténèbres, il y a une joie mêlée d'anxiété à se sentir exister, à avoir échappé aux principales maladies. C'est la joie absurde d'être encore vivant, d'habiter son corps, même usé. Tout n'est plus possible mais beaucoup reste permis. En 1922, Marcel Proust reçoit le prix Goncourt au détriment de Roland Dorgelès, porte-parole des Anciens combattants. Le lendemain, le journal *L'Humanité* titre : « Place aux vieux ! » Proust n'a que 48 ans. Qui de nos jours qualifierait de « vieux » un homme ou une femme de 48 ans ? C'est après 50 ans qu'on a vraiment la vie devant soi, qu'on peut jouir enfin de cette jeunesse ratée à 20 parce qu'il fallait passer les diplômes, chercher un travail, faire ses preuves, s'excuser d'être un bleu, sortir de l'enfance, traverser les premières amours tourmentées, porter seul le fardeau d'une liberté toute neuve. Se chercher, se tromper, choisir entre des options dont aucune ne nous plaît, s'entendre dire chaque matin qu'on ne mesure pas la chance qui est la nôtre, quel cauchemar quand on y pense ! On se construit alors tout en se détruisant par l'alcool, les drogues, les excès de toutes sortes au nom du conformisme, de la pression sociale. La jeunesse a la beauté, le dynamisme, la curiosité mais elle est l'âge mimétique qui tâtonne, trébuche, succombe aux modes, aux idéologies. L'âge adulte a la pratique mais il a perdu l'alacrité et l'allant. On ne cesse en grandissant de croiser les avantages et les inconvénients, toujours désaccordés, en porte-à-faux.

L'existence, sous nos climats, n'a lieu qu'une fois : il n'y a pas de classe de rattrapage, au contraire du bouddhisme et de l'hindouisme. Ces deux religions ont inventé, avec la notion de karma, le destin à l'essai : nous payons dans notre état actuel nos erreurs antérieures et nous nous purifions, cycle après cycle, de nos faiblesses jusqu'à la délivrance. L'Orient cherche à se libérer de cette vie, l'Occident dans cette vie. Le seul remède pour le premier est de ne plus renaître, pour le second de ressusciter plusieurs fois au cours d'un même laps de temps. Le chrétien joue son éternité sur une brève échéance alors que l'hindou, pour se soustraire à la douleur d'être, dispose d'une quantité de réincarnations successives au cours desquelles l'âme se purifie. Dès lors que l'Europe s'arrache à l'emprise médiévale au tournant du XVe, XVIe siècle et à un monde prédestiné où chacun est prisonnier de son statut, de sa religion, de ses origines, une nouvelle promesse se fait jour : l'homme serait désormais créateur de son propre destin et de son propre temps. Il serait en mesure de récuser les frontières sociales, psychologiques, biologiques, il serait entré dans l'ère de la construction indéfinie de soi. C'est sur ces promesses qu'est fondé le mythe du *self-made man* aux États-Unis. Il s'en faut de beaucoup que cette promesse soit tenue et la malédiction des déterminismes demeure d'autant plus forte qu'on croit les avoir éliminés. Reste que la modernité née des Lumières garde ceci d'admirable qu'elle est une révolte collective contre la fatalité.

Le troisième âge n'a jamais été plus qu'aujourd'hui l'âge philosophique, l'âge de l'Esprit par excellence. Tous les défis de la condition humaine y sont posés dans leur acuité, tels qu'ils furent définis par Kant : que m'est-il permis d'espérer, que m'est-il permis de connaître, de croire ? L'été indien est vraiment cette « conversation que l'âme poursuit avec elle-même » (Socrate, *Théétète*), un état d'examen permanent. On peut y alterner la vie active et la vie contemplative. Il constitue ce moment où nous affrontons la structure tragique de l'existence sans masque ni œillères, une situation limite. « Le temps d'apprendre à vivre, il est déjà trop tard[1] », disait Aragon. Mais la vie n'est pas une matière scolaire car elle ne cesse de corriger les conditions de son apprentissage. Si la mise en valeur des talents appartient à la jeunesse et consiste à réaliser tout le potentiel d'un être, on peut aussi voir la vieillesse comme le dernier âge de la formation plutôt que comme une voie de garage. Le pouvoir de dissolution des années n'empêche pas un dynamisme, même restreint. On persiste à grandir dans l'horizon de l'avenir même si le temps rétrécit. À tout

1. « Il n'y a pas d'amour heureux », in *La Diane française*, Seghers, 1946.

moment, nous demeurons les seuls artisans de notre salut, y compris dans le choix de notre mort.

Nous restons toujours de vieux étudiants à l'école de l'existence et cette volonté de s'instruire signe précisément la fraîcheur de l'esprit. L'initiation durera jusqu'à la tombe. Nous pouvons cumuler la joie d'enseigner et la joie d'être enseigné, de prendre des cours et d'en donner, d'être la bouche qui professe et la bouche qui interroge, dans une réciprocité parfaite. Nous disposons encore d'assez de temps pour nous ouvrir à nouveau au monde, nous remettre à la connaissance. Nous sommes faits, peut-être, mais toujours imparfaits. La vraie vie n'est pas absente car il n'y a pas de « vraie » vie mais beaucoup de voies intéressantes qu'il reste à explorer.

Qu'allons-nous faire de nos 20 ans (de vie en plus) ?

On en veut aux aînés de nous montrer la voie que nous ne voulons pas prendre. Ils préfigurent ce que nous allons devenir : des êtres-machines, des cyborgs puisque au-delà de la cinquantaine nous entrons tous plus ou moins dans l'âge prothétique, lunettes, sonotone, pacemaker, valves, implants, puces diverses, etc. Deux modèles, au moins, s'offrent à nous dans une société de l'individualisme et que l'on peut croiser à volonté : jouer au Vieux galopin ou poser au Sage désabusé, pourvoyeur d'oracles, hésiter entre infantilisme et hiératisme. Ne mettre aucune limite à ses appétits, retrouver à 60 ans les rêves d'un adolescent ou décider que les jeux sont accomplis et rentrer dans le peuple des petits vieillards qui tapent la belote, jouent aux boules en attendant la soupe. D'un côté, la tribu des retraités survitaminés, souvent en meilleure forme que les plus jeunes, ayant terrassé avec succès différentes maladies. Plutôt aisés, s'ils appartiennent aux classes moyennes ou supérieures, ils veulent mordre l'existence à pleines dents et affichent une énergie farouche quand leurs aïeux, jadis, étaient déjà séniles ou grabataires. De l'autre, le peuple gris des résignés, soucieux de se soustraire au tumulte. Les égarements du cœur et de l'esprit peuvent frapper à tout moment pour les deux sexes. L'apparition du Viagra et pour les dames des traitements hormonaux offre à d'augustes sexagénaires des pouvoirs enivrants. Il a rompu la paix des ventres, accentuant parfois la relégation des femmes. Combien de vieux époux se séparent quand l'un d'eux, brisant la trêve de chasteté, retrouve goût à la joute amoureuse ? La génération des années 68 aura connu deux pilules miracles, la contraceptive et la vasodilatatrice. La gloutonnerie des têtes grises avides de faire rouler les dés une dernière fois, de se jeter dans les sports, les voyages, le labeur, les saturnales de la chair vient de la nouvelle profondeur stratégique temporelle qui s'offre à chacun de nous : en Europe, l'âge moyen de la maternité atteint 30 ans et le « verrou de la ménopause » pourrait un jour sauter, être repoussé au-delà de 60 ans. Vision pathétique ? Peut-être. Mais reprocher aux personnes âgées leurs convoitises déplacées, leur envie d'entreprendre, de continuer à travailler, c'est les condamner à la mort anticipée et se condamner soi-même dès qu'on aura atteint cette frontière. Quoi de plus beau que de court-circuiter les séquences temporelles, que de faire un pied de nez au destin, que de s'accorder, du moins pour quelque temps, un surcroît d'ivresse, de sensations, de rencontres ? La vie est une incertitude qui dure et qui, tant qu'elle dure, nous garantit d'être vivant.

Nous oscillons en permanence entre *la promesse et le programme, l'entrain et l'entropie* : naître, c'est être promis à la promesse d'un avenir que nous ignorons alors que nous sommes prédestinés à disparaître comme une photocopie qui pâlit à mesure qu'on la reproduit en de multiples exemplaires puisque nos cellules se réparent mal en se renouvelant. Tant que la promesse l'emporte sur le programme, nous tenons debout. Nous n'avons certes pas demandé à naître ; mais à mesure que nous avançons en âge, nous transformons ce don arbitraire en droit et nous exigeons de persévérer dans l'être aussi longtemps que possible. « C'est être bien ivrogne, lorsqu'on a bu le vin, de boire encore la lie (…) Vivre n'est pas atroce mais superflu [1] », écrivait Sénèque dans un aphorisme qui anticipe Cioran. Mais outre que la fatigue d'être peut nous saisir dès l'enfance, il

1. *Lettres à Lucilius*, lettre 24, Garnier Flammarion, 2017.

y a quelque chose de magnifique à rester sur scène pour un dernier tour de piste.

Voici venir des générations entières de pseudo-adultes, de potaches ridés qui jouent avec le sort et avec les années. Ils semblent être passés directement de la puberté à la sénilité en omettant la maturité. Ils restent jeunes jusqu'à ce qu'ils deviennent vieux. Le Grand Recommencement, le Grand Ressourcement et non l'Éternel Retour sont la seule forme d'éternité que nous ayons trouvée sous nos climats alors que la croyance au Paradis s'est estompée chez les fidèles. La trinité chrétienne classique, l'Enfer, le Purgatoire et le Paradis, est redescendue sur terre et se partage désormais nos vies profanes : l'au-delà est ici-bas, départagé et découpé selon les périodes. Il y a plusieurs vies dans l'existence d'un homme et d'une femme et ces vies s'additionnent sans se ressembler. Elles forment une création continue qui se sédimente et se superpose sous forme de destin. Nous commettons des erreurs, nous les réparons, nous en commettons d'autres, autant d'échecs qui composent à la fin un beau parcours. Et puisqu'il n'y a plus de modèle de bonne vie après 60 ans, c'est à chacun de la créer. Nous sommes plus que jamais, comme Peter Pan, des enfants qui ne veulent pas grandir, des seniors qui ne veulent pas vieillir[1]. On

1. François Rivière, *J.-M. Barrie. Le garçon qui ne voulait pas grandir*, Calmann-Lévy, 2005, et Béatrice Balti, *J.-M. Barrie. Celui qui préférait les Fées aux Femmes*, Éditions Complicités, 2018.

jette sa gourme à l'envers de l'horloge biologique, des jeunes gens se mettent à la colle dès 20 ans alors que leurs parents grisonnants batifolent, multiplient les intrigues. La raison ne croît pas avec le nombre des années, le démon de midi peut frapper jusqu'au seuil du trépas. L'exubérance bruyante du troisième âge peut être risible, voire horripilante ; mais préfère-t-on le glissement progressif des aînés vers la tombe, l'hôpital aseptisé ? Quoi de plus exaltant que de tricher avec les codes ?

Tel est l'enjeu : ce nouvel âge sera-t-il une maturité transfigurée ou une post-adolescence chevrotante, au bord du gouffre ? Il sera très probablement une tension entre ces deux états, une schizophrénie assumée. D'un côté, et c'est le bénéfice de l'âge, un goût croissant pour la nature, l'étude, le silence, la méditation, la contemplation ; de l'autre, un attachement toujours vif et même renouvelé pour le plaisir sous toutes ses formes. Improviser une vie nouvelle à 55-60 ans n'est pas la même chose que se lancer dans l'existence à 16. Les nouveaux seniors seront-ils les gardiens de la transmission ou de « vieux satyres usés de débauche » (Rousseau), des garnements narcissiques de 73 ans, tels Donald Trump ou d'augustes ancêtres à barbe blanche ? L'éclair des passions reste vif, l'âme et le cœur prompts à s'enflammer : l'âge spirituel, sentimental ne coïncide pas avec l'âge biologique. Il n'est qu'un moyen de retarder le vieillissement : c'est de rester dans la dynamique du désir. Réconciliation des incompatibles : romantisme et charentaises, stupre et rides, cheveux blancs et orages désirés. Nous n'avons pas trouvé la solution aux malheurs de la condition humaine, juste entrouvert une minuscule lucarne dans la caverne. « On n'est pas sérieux quand on a 17 ans », chantait Rimbaud. On ne l'est pas plus à 50, 60 ou 70 même si les convenances nous enjoignent de le paraître. Il faut dépouiller l'âge de ses ornements décrépits, retourner le vieillissement contre lui-même, avec humour et élégance. Les limites n'existent que pour être repoussées. À toutes les étapes de son déroulement, la vie se rebiffe contre l'irréversible. Et ce, jusqu'au plongeon dans l'abîme.

TU N'AS PAS CHANGÉ !

Dire à quelqu'un « Tu n'as pas changé » est une demande discrète de réassurance. Qu'on soit trentenaire ou sexagénaire, on prie la personne de nous renvoyer le compliment, de nous certifier que nous sommes bien sur le même fuseau horaire. Croiser un ou une vieille amie que l'on n'a pas vus depuis des lustres, c'est procéder à une opération de reconnaissance faciale, comme ces témoins qui doivent identifier, derrière une vitre sans tain, l'auteur d'une agression. La mémoire se livre à un calcul rapide, découpe dans la figure qui se présente les traits susceptibles de raviver le souvenir : elle soustrait le visage actuel du visage ancien, convoque deux périodes diverses et les compare. La personne proteste :

mais enfin c'est moi ! et les yeux sonnent le tocsin, vous supplient de faire le rapprochement. Le visage, c'est ce que l'on partage avec tous nos semblables. Ce pourquoi nous ne saurions le voir oublié sans dommages irréparables.

« Tu ne fais pas ton âge » veut dire : tu n'as pas courbé l'échine devant les diktats de la nature, tu as rusé avec la convention. Il y a de la stupeur et presque de la colère à rencontrer, au détour d'une rue, une personne de notre génération et qui semble notre père ou notre grand-père : il n'est pas possible que cette ruine soit mon contemporain ! Le Temps, ce grand démolisseur, s'amuse le plus souvent à déformer les traits, à les écraser ou les distendre, sans indulgence. Il plaque une loupe sur les visages, grossit un trait, reconfigure une physionomie, froisse la peau, la couvre de taches, raréfie les cheveux, élargit des pommettes, rallonge un nez, les oreilles, procède à un morphing monstrueux. Le visage humain est un palimpseste où se superposent plusieurs époques : l'on retrouve chez un ami, jadis cher, le fou rire de l'adolescent et les restes épars d'une chevelure abondante. Nous sommes cernés de scrutateurs qui nous analysent avec des airs impérieux. Ils veulent extorquer des aveux à notre apparence.

« Tu restes le même » veut donc dire : tu es le témoin de notre ancien monde, tu es la preuve que nous avons partagé cet entrain dont je garde la nostalgie. La vieillesse nous revêt d'une trompeuse ressemblance avec nous-même, on ne distingue plus cette personne qui nous regarde depuis le miroir chaque matin : qui es-tu, que me veux-tu ? L'âge semble s'être emparé de nous par surprise, un autre moi est né de nous qui n'est pas nous. C'est cela le destin, disait Hegel : soi-même sous la forme d'un autre. On pense à ces films publicitaires qui représentent toute une vie humaine du berceau à la tombe en accéléré. Des risettes enfantines à la voussure des époux âgés qui se tiennent la main sur une plage. Féerie et danse macabre mêlées. En l'occurrence, c'est la compression d'une existence en quelques minutes qui est effrayante : à peine a-t-on eu le temps de goûter à la vie, d'en savourer l'amertume et les délices, qu'on est devenu un vieux monsieur, une vieille dame, les deux branches du compas se sont écartées d'un coup.

DEUXIÈME PARTIE

La vie toujours recommencée

CHAPITRE 3

La routine salvatrice

« Tu n'admires pas comme il faudrait ce miracle étourdissant qu'est ta vie. »

André GIDE, *Les Nourritures terrestres*

Racontant sa passion de fumeur invétéré, Zeno, aimable rentier de Trieste de la fin du XIXe siècle, dans l'Empire austro-hongrois, fatigué de tousser et de cracher ses poumons, est possédé par un désir de santé. Il se partage entre les visites aux médecins, aux psychanalystes et les cures dans les maisons de soins, où on le sèvre en lui administrant des applications électriques. Mais il rechute inévitablement. « J'estime qu'une cigarette a une saveur plus intense quand c'est la dernière[1]. » Cela fait cinquante-quatre ans qu'il grille dernière cigarette sur dernière cigarette et il doit constater, mélancolique autant qu'amusé : « Dans ma vie, les choses se répètent[2]. »

1. Italo Svevo, *La Conscience de Zeno*, Folio Gallimard, p. 25.
2. *Idem*, p. 47.

« C'est assez que d'être » (Madame de Lafayette)

La répétition n'a pas bonne presse chez les Modernes. Elle est deux fois disqualifiée, depuis le romantisme et l'invention de la psychanalyse. Le classicisme était fondé sur la certitude d'un passé idéal : les Anciens avaient atteint la perfection dans tous les domaines, il suffisait de les imiter. L'innovation était jugée inconvenante et la notion de plagiat n'avait aucun sens, la propriété intellectuelle n'existant pas : il fallait au contraire puiser dans le trésor des contes, histoires, fables mises à la disposition de tous et ne pas hésiter à les reproduire, à en faire des collages, des montages. La Fontaine réécrira interminablement Ésope, esclave affranchi du VIIe siècle avant Jésus-Christ, Jean-Sébastien Bach puisera sans vergogne dans les concertos pour violons de Vivaldi, pour les recopier et les retranscrire en concertos pour clavier. Un bon texte comme une bonne musique résonnaient de tous les écrits et partitions antérieurs et y rajoutaient parfois un petit plus, la grâce d'une diversion, d'un commentaire. Le pillage et la contrefaçon, loin d'être sanctionnés, étaient recommandés. On réinventait à partir d'un pastiche préalable. Dans l'Antiquité, on allait jusqu'à attribuer à un Ancien un livre qu'on avait écrit soi-même pour diffuser un message nouveau, par le procédé dit de la *pseudépigraphie*[1].

---

1. Louis Jerphagnon, *Connais-toi toi-même...*, *op. cit.*, p. 236.

(C'est le procédé que choisira Jean Potocki dans le *Manuscrit trouvé à Saragosse* en 1810, et beaucoup d'auteurs, par crainte de la censure, recourront au même stratagème.) Un bon chrétien devait quant à lui vivre dans *L'Imitation de Jésus-Christ*, cette œuvre anonyme de piété écrite et réécrite à partir du XVe siècle, pour gagner son salut et purifier son âme.

À l'inverse, le romantisme, enfant dévoyé de 1789, a célébré l'originalité, fruit de la création individuelle. Les poètes, musiciens, peintres, dramaturges devaient bousculer les codes, pulvériser les traditions ossifiées, créer dans le fracas et la transgression. Et de même que les artistes allaient « au fond de l'inconnu pour trouver du nouveau » (Baudelaire), il fallait fuir la médiocrité bourgeoise, asservie au calcul et au commerce. Vomi par la noblesse et le prolétariat pour sa cupidité, le bourgeois était frappé de bassesse ontologique aux yeux du bohème. Puisque sa morale avait réduit le désir aux seules dimensions de l'enrichissement matériel, sa vie était méthodique, guidée par l'appât du gain et le goût de l'acquisition. Dès lors, le rebelle ou le créateur devaient s'écarter de cette petitesse et quêter les orages, la fureur, le grandiose plutôt que sécher sur pied.

Du romantisme et de sa haine du conforme datent deux choses : le rêve d'immortalité a été remplacé par celui de la *postérité*, reconnaissance tardive des artistes maudits, lequel est éclipsé de nos jours par la *notoriété*, à savoir la dilatation de soi sur tous les réseaux et médias comme ego visible et flottant. Enfin, c'est au XIXe siècle que naît l'éloge des marges (migrants, minorités sexuelles, raciales, prisonniers, criminels) œuvrant à détruire la norme, dont une certaine philosophie de la fin du siècle dernier a fait son miel avec Derrida, Deleuze, Guattari et Foucault. Le bourgeois, on le sait, a changé, puisqu'il est devenu à son tour un bohème, et qu'il se veut « travailleur le jour et bambocheur la nuit » (Daniel Bell). De droite ou de gauche, il souhaite à la fois jouir de son statut social et profiter de l'émancipation des mœurs, au risque de vivre dans une contradiction culturelle. De là, que la philosophie de l'intensité soit désormais véhiculée par les grandes multinationales à partir de mots d'ordre nietzschéens (« Deviens ce que tu es », « Ce qui ne te tue pas te rend plus fort »). Nietzsche étant devenu, par un étrange retournement, le plus gros fournisseur de slogans publicitaires des entreprises. Le laudateur du surhomme est surtout la caution philosophique du surhomme consumériste qui se forge à partir de ce qu'il achète, porte ou absorbe.

Quant à Freud, il décèle dans la répétition une compulsion qui pousse le patient à reproduire éternellement les mêmes scénarios d'échecs amoureux ou professionnels. Le symptôme sert d'écran à une angoisse plus profonde qui interdit la guérison et conserve le traumatisme autant qu'il le manifeste. Certaines manies absurdes, qui nous isolent des autres, nous privent peut-être de grands plaisirs mais nous prémunissent d'anxiétés plus grandes.

Elles deviennent des rituels de protection contre l'événement, quel qu'il soit. Plutôt dépérir par inanition que s'ouvrir à l'inconnu.

Et pourtant, il faut chanter l'habitude. Elle est l'habit dont nous revêtons nos actes, l'habitat qui nous structure, l'étoffe mentale de nos jours. Elle constitue cette disposition innée, devenue seconde nature, qui nous épargne bien des dépenses psychiques. Nous ne sommes jamais que les créatures de nos habitudes, lesquelles sont plus difficiles à déraciner qu'une croyance. La régularité c'est la mort, clament les avant-gardes ; c'est oublier qu'elle constitue le socle ontologique de nos destinées et conditionne notre survie. Vouloir l'abolir, revendiquer la double oriflamme de l'imprévisibilité et de l'invention perpétuelle, c'est peut-être disloquer l'effroyable banalité mais c'est surtout rendre l'existence impossible. « Vivre sans temps mort et jouir sans entraves », pour reprendre le vieux slogan commercial des situationnistes, c'est courir le risque de transformer l'intensité en train-train, en convulsion convenue. Quand la vie est figée comme un ruisseau pris dans la glace ou un visage botoxé, il est tentant de rêver d'un changement total, de partenaire, de métier, de pays. Mais ce fantasme du basculement absolu est surtout un excellent moyen de supporter sa condition. Il suscite le renforcement du statu quo : plus l'on se plaint, plus l'on endure et l'on ne se plaint que pour ne rien changer.

Dès l'enfance, nous nous fabriquons des traditions. Ce qu'on nomme la routine n'est pas l'accident malheureux des êtres sans histoire, elle est l'armature sans laquelle nous ne saurions tenir debout, cet ensemble d'automatismes qui nous construisent et nous freinent en même temps. La vie tient à des fils invisibles qui nous enserrent et nous portent sans que nous le sachions et finissent par se rompre un par un. « Tout ce qui est immobile n'est pas en repos », disait Aristote. Pour qu'un événement surgisse dans la grisaille des jours, il faut des heures blanches, de la durée neutre qui achemine le temps, sans grandeur. Les moments suffocants surviennent presque toujours sur fond de menus tracas dont ils se distinguent. Sans monotonie, pas de bouleversements possibles. La ligne mélodique de notre quotidien est une basse continue d'où surgissent quelquefois de bouleversantes arias.

Splendeur du trivial

Question fondamentale après la cinquantaine : qu'est-ce qui nous tient debout, nous pousse à sortir du lit, chaque matin, heureux de retourner dans le siècle ? Quand on a 20 ans, on souhaite ouvrir l'avenir de force, provoquer quelque chose d'extraordinaire et d'extravagant. La vie machinale est vue alors comme une abomination qu'on voudrait soumettre à une effervescence continue. Sous sa forme la plus radicale, cette utopie fut réalisée par les États totalitaires qui plongèrent leurs citoyens dans la terreur et la guerre. La volonté de détruire le statu quo, le refus de pactiser « avec les conditions dérisoires, ici-bas, de toute existence » (André Breton) peut entraîner à l'adolescence un désir puissant de rompre les digues. Et comment ne pas comprendre cette impulsion ? À de rares exceptions près, nos existences ne sont pas des romans puisqu'elles restent désespérément identiques à elles-mêmes. Le quotidien, c'est l'exténuation des anecdotes : il ne se passe rien ou presque. On devient événemen-tiellement pauvre. À la question : quoi de neuf ? surgit toujours la même réponse : rien de spécial. Or une personne n'existe que si elle peut se raconter, monnayer son ordinaire sous forme d'anecdotes, si dérisoires soient-elles. Le défi de la banalité, c'est de garder le cap dans la tempête molle des heures qui se succèdent, toutes semblables, avec leur pouvoir de décomposition qui décourage les cœurs les mieux trempés.

À cet égard, le genre de l'autofiction, annexe de l'autobiographie, forgé en 1977 par Serge Doubrovsky, est bien la tentative de tirer un récit de la platitude de nos jours. On ne raconte pas ce qu'on a vécu, on écrit pour mieux se comprendre, se persuader qu'on est vivant. On se met en scène pour s'amplifier, fût-ce dans le minime, on s'étourdit de l'inépuisable richesse que recèle un destin, en apparence quelconque. Et le journal intime invente aussi son propre lecteur, frère en banalité, qui se réjouit de voir l'auteur engranger, semaine après semaine, de si dérisoires et précieuses cueillettes. Il crée une communauté de destin entre l'écrivain et le lecteur qui s'enivrent de partager une telle absence d'aventures. Cette pénurie leur semble une pléthore qui ne se connaît pas : la minute la plus insignifiante, les plaisirs les plus ténus sont encore riches d'une variété inépuisable d'occurrences. Mille présences possibles palpitent dans les longues plages de vide d'une journée qu'il faudrait ré-exhumer à la manière d'un diamant prisonnier de sa gangue. Plus mince le destin, plus épaisse la fiction quand elle entre dans l'infiniment petit, sollicite des nuances minuscules, hausse le négligeable au rang d'une tragédie. Grandir, c'est redécouvrir la splendeur du quelconque, lequel n'est que du vertige inexploré. Même dans les jours à marée basse, il se produit des ouragans miniatures. Le trois fois rien est aussi pourvu d'une structure narrative. Tel est le romanesque : la fiction d'un désir chargé de ce fardeau bienheureux, le récit.

À partir d'un certain âge, la continuité prime sur la nouveauté admirable : le souci n'est plus tant de changer de vie que de préserver ce qu'il y a de meilleur en elle. Faut-il s'accomplir ou se dépasser, demande-t-on dans la jeunesse ? D'abord se maintenir, répond la maturité. Montaigne cite quelque part Mécène, ministre d'Auguste :

> « *Faites-moi donc, s'il vous en vient l'envie,*
> *Manchot, cul-de-jatte, goutteux,*
> *Moi, pourvu que la vie me reste,*
> *Je me trouve heureux.* »

Et il en conclut : « Les hommes sont tellement acoquinés à leur être misérable qu'il n'est si rude condition qu'ils n'acceptent pour s'y conserver[1]. » Dans toute vie qui dure, le passé semble une prophétie inversée qui annonce le présent et le présent une rétrospective confirmée. Nous avons eu raison de nous conduire comme nous l'avons fait. Le murmure sempiternel de l'existence n'est plus une preuve de faiblesse mais de confiance en soi.

Notre vision du passé se partage entre deux clichés : ou il fut une somme de prodiges après laquelle l'intérêt décline, « c'était mieux avant » selon l'expression consacrée, ou il est la préface imparfaite d'un avenir qui l'accomplira. La première conception est plutôt celle du conservateur, la seconde du progressiste. Rapportée au plan personnel, une telle version sombre dans la nostalgie – hier était magnifique – ou dans une fuite en avant vers un futur idéalisé. Avec l'âge, cette problématique peut s'inverser : tout est déjà accompli et pourtant tout reste à faire ou à refaire. Notre grand plaisir est alors autant d'explorer que de reconnaître : comme dans les contes pour enfants, nous aimons redécouvrir plus encore qu'être surpris ou plutôt la surprise doit s'envelopper dans les voiles d'une certaine familiarité. Nous voulons éprouver les mêmes attentes, les mêmes frissons alors même que nous

---

1. Montaigne, *Les Essais*, Livre II, chapitre 37, Robert Laffont, collection « Bouquins », p. 736, préface de Michel Onfray.

connaissons le déroulement des péripéties. *C'est le confort de la répétition rassurante.* Retrouver les voix aimées, les genres musicaux ou cinématographiques favoris, les mélodies connues, les visages habituels, les sonorités de notre langue. De même qu'il existe une formule chimique pour chaque parfum, nous avons trouvé, à partir d'un certain âge, la formule qui nous convient et ne souhaitons plus en changer. Même si nous restons tentés par la perspective du grand chambardement, nous savons mieux qu'auparavant *ce qu'il est précieux de sauvegarder, permis d'espérer et déraisonnable de convoiter.*

Ici commence la vie nouvelle

Chaque jour est comme un drame humain total : il constitue une symbolique du découpage de l'existence, avec son aube radieuse, son midi triomphant, son après-midi laborieuse, son crépuscule apaisé. Le réveil du dormeur au matin est une petite résurrection des morts quotidienne, il nous remet au clair, nous rend les forces que la nuit nous avait dérobées. Que nous le voulions ou non, la nature continue à scander le rythme de nos vies de même que nos humeurs sont conformées par la grisaille ou la splendeur du ciel. En quoi le lien subsiste entre le microcosme que nous sommes et le macrocosme global. Le temps qu'il fait baigne nos corps dans une grande enveloppe météorologique qui détermine en partie nos chagrins ou nos joies. La lumière nous emplit d'allégresse, un ciel chargé pèse sur nous à la façon d'un châtiment personnel. Chaque matin se lève, les bras chargés de cadeaux, comme une étendue de neige fraîche dans laquelle nous dessinons notre trace et qui nous donne l'illusion de repartir sur un nouveau pied. Il suffit de fermer les yeux et de dormir pour renaître tel un être nouveau. Il fallait ces ténèbres pour rejaillir dans la pleine lumière de l'aurore. Les mauvais jours passent car nous avons 365 fois par an la possibilité de les traverser et de les annuler. Contrairement au film *Un jour sans fin*[1], merveilleuse fable sur l'amour et le temps, nous ne sommes pas prisonniers d'un même cycle de vingt-quatre heures qui se répéterait à l'identique, tous les matins. Certaines journées sont de simples passerelles qui nous acheminent à travers la semaine, d'autres des cachots dont nous avons hâte de sortir, d'autres enfin ont la clarté d'une fenêtre ouverte sur la splendeur des choses.

Le sommeil constitue à cet égard un merveilleux symbole d'oubli et de renouveau : il nous offre le sentiment, illusoire peut-être mais stimulant, d'une renaissance après une bonne nuit, quand on aborde le monde avec des yeux reposés. C'est un miracle de sortir des ombres, d'abandonner sa forme antérieure tel un serpent qui mue pour aborder une période où tout semble à nouveau possible. Les créatures de la nuit se sont dissipées, sont retournées à leur état de spectres. La douce

1. *Groundhog Day,* avec Bill Murray et Andy MacDowell, dirigés par Harold Ramis, 1993.

ébriété de l'aube qui se lève, accompagnée du chant des oiseaux, nous étourdit. On se détache du soi ancien d'hier pour se recréer à neuf. *Telle est la beauté du matin : celle d'une alliance renouvelée avec le monde.* Elle est une sorte de passeport psychique que nous nous délivrons pour retourner dans le quotidien. Se lever, se doucher, prendre le café ou le thé, ces gestes élémentaires renouent une solidarité intime avec les choses, nous remettent dans le siècle. Abolir le sommeil, comme le souhaitent certains forcenés, parce qu'il est une perte de temps, c'est tuer la puissance du rêve qui brouille les frontières, c'est nous soustraire aux rythmes circadiens et amoindrir la féerie de l'alternance. Madame de Staël, devenue complètement insomniaque quelques semaines avant sa mort et pourtant grande dévoreuse de livres et d'idées, gémissait : « La vie est trop longue sans sommeil. Il n'y a pas assez d'intérêt pour vingt-quatre heures[1]. » Un seul jour est donc tous les jours, du lever au coucher, un seul jour est toute la vie. Comme le héros, selon Nietzsche, nous mourons tous les soirs au crépuscule et réapparaissons le lendemain.

L'éternel retour des bonnes choses, par exemple, ce fait culturel fondamental des trois repas quotidiens est en soi une source de plaisir. Le temps paraît piétiner et même s'annuler. Dans la *Montagne*

1. Rapporté par Michel Tournier, « Cinq clefs pour André Gide », in *Le Vol du vampire*, Idées Gallimard, 1983, p. 224-225.

magique, Thomas Mann, évoquant le sanatorium de Davos, écrivait :

« C'est le même jour qui se répète sans cesse mais comme c'est toujours le même, il est au fond peu correct de parler de répétition, il faudrait plutôt parler d'identité, d'un présent immobile ou d'éternité. On t'apporte le potage à déjeuner tel qu'on te l'a apporté hier et tel qu'on te l'apportera demain. Les formes du temps se perdent et ce qui se dévoile à toi comme la véritable forme de l'être, c'est un présent fixe où l'on t'apporte éternellement le potage. » Paul Morand de son côté expliquait : « La première chose qui tombe à l'eau, lors d'une croisière, c'est le temps. » Le grand philosophe Emmanuel Kant vécut lui aussi dans une régularité de métronome, à Königsberg, en Prusse-Orientale, au bord de la Baltique, se levant et se couchant à des heures définies, 5 heures le matin et 10 heures le soir, et effectuant la même promenade immuable que seuls deux événements parvinrent à déranger, la lecture de l'*Émile* de Jean-Jacques Rousseau en 1762 et l'annonce de la Révolution française en 1789.

Il est ainsi des espaces privilégiés, pensionnats, sanatoriums, casernes, couvents, paquebots qui semblent soustraits aux flux, emprunts d'une stabilité trompeuse. Illusion bénéfique : une vie réglée comme du papier à musique donne le sentiment de l'immobilité la plus parfaite. Dans ces cités radieuses, l'on se sent abrité des tempêtes du monde. L'ordre et la discipline vous délivrent du tourment des heures fugaces, l'ennui y est l'autre nom de la sécurité. Paradoxe stupéfiant : l'obéissance à l'horaire saborde la durée de l'intérieur. Pour tuer le temps, suivez-le scrupuleusement, à la seconde près. On connaît tous de ces gens qui puisent une énergie incroyable dans l'allégeance à des règles qui les rassurent et les orientent. Avant toute chose, ils s'organisent, construisent un emploi du temps, quadrillent les heures, indifférents à ce qu'ils mettront dedans. La division du jour, de la semaine en compartiments séparés leur est indispensable. Leur journée commence par des prescriptions inébranlables, analogues à une liturgie religieuse : ranger la maison, classer les éléments sur le bureau, disposer les vêtements dans un certain ordre, faire quelques mouvements de gymnastique. L'accomplissement du rituel constitue leur prière quotidienne. Alors le lundi, le mardi, le mercredi perdent leurs couleurs spécifiques puisqu'ils ne sont que les spécimens d'une même substance.

Ne sommes-nous pas tous, en France du moins, restés des écoliers éternels qui scandent l'année selon le calendrier de l'Éducation nationale, Toussaint, Noël, Mardi Gras, Pâques ? Les vacances chez nous depuis 1936 sont sacrées, elles nous relient les uns aux autres, forment un imaginaire commun entre les générations. Elles constituent notre roman national, comme le travail est la colonne vertébrale des Américains, des Japonais et des Chinois. À l'inverse le surmenage, c'est-à-dire la volonté de récupérer du temps sur le temps, est souvent un symptôme de vieillissement : on veut cumuler les tâches dans l'urgence, se hâter avant la fin quand l'alanguissement, cette merveilleuse capacité de perdre son temps, cette flânerie nonchalante dans les heures et les jours, est le propre de la jeunesse qui a toutes les années devant elle. C'est sa frivolité et son génie.

RAISONS DE VIVRE

« Il est naturel, disait Thomas Mann, qu'un homme d'un certain âge considère son époque avec humeur. » Le dégoût de la vie l'emporte, chez certains, à mesure que celle-ci raccourcit. Puisqu'elle leur fait l'affront de les quitter, ils la piétinent. Ils vont quitter la scène, ils décrètent l'aventure humaine finie, leur temps méprisable, leurs successeurs incultes et sots. Quel monde allons-nous laisser à nos enfants ? demande la sagesse populaire. « Quels enfants allons-nous laisser au monde de demain ? » rétorquait Jaime Semprun. La vieillesse tombe souvent dans le double piège du radotage et de l'exécration. Le grincheux, le ronchon, le scrogneugneu sont tapis en chacun de nous, prêts à donner de la voix aux moindres déconvenues. Montaigne appelait ces maladies « les rides de l'âme ». « Ne se voient point d'âmes ou fort rares qui, en vieillissant, ne sentent à l'aigre et au moisi [1]. »

1. *Les Essais*, Livre III, chapitre 2, *op. cit.*, p. 890-891.

Or il faut vieillir sans laisser vieillir son cœur, garder un appétit du monde, des plaisirs, une curiosité des générations qui nous succèdent. À cet égard un Schopenhauer ou un Cioran, ces grands calomniateurs de l'ici-bas, sont d'une lecture revigorante tant la violence des arguments contre la vie peut être lue chez eux comme une déclaration d'amour à l'envers. L'acariâtre ne trouve aucun motif de réjouissance : tout le navre, ses amis comme ses proches, le printemps autant que l'hiver ou l'été. À ses yeux la société est laide mais ce sont ses yeux qui sont laids, pas les objets qu'il contemple. Il est recouvert par ce que le philosophe Edmond Husserl appelait « la cendre de la grande lassitude ». Les vieillards aiment à penser que le monde s'effondre parce qu'ils vont le quitter et ne veulent pas le regretter. Mais il nous survivra et les jeunes gens se moquent de nos malédictions. Le déclinisme n'est jamais que l'application à l'histoire de l'humanité du sort réservé à chacun d'entre nous, la sénescence et la mort. Le grand âge est, plus qu'un autre, le temps de l'acédie, cette maladie qui frappait les ascètes chrétiens, enfermés dans leurs thébaïdes et les détournait de l'amour de Dieu. Au lieu de se consumer dans l'extase, ils sombraient dans le chagrin, le désintérêt à l'égard du salut et quittaient leur cellule pour retourner dans le monde frivole. La personne âgée n'a plus cette ressource : elle est condamnée à piétiner son sort avec une sorte de délectation morose. Le brouillard qui corrompt son âme ne semble déboucher que sur la nuit. Quelles sont nos raisons de vivre à 50, 60 ou 70 ans ? Exactement les mêmes qu'à 20, 30 ou 40. L'existence reste délicieuse à ceux qui la chérissent, odieuse à ceux qui la maudissent. Et l'on peut passer d'une position à une autre dans une même période, alterner du désespoir à l'effusion. La vie, à tout âge, est un combat permanent entre la ferveur et la fatigue. Il n'y a pas aucun sens à l'aventure humaine, juste une absurde et magnifique offrande.

« Je viens je ne sais d'où
Je suis je ne sais qui
Je meurs je ne sais quand
Je vais je ne sais où
Je m'étonne d'être aussi joyeux »
(Martinus von Biberach, clerc allemand, XVIe siècle)

Les deux natures de la répétition

Si le temps est une *remontrance*, il peut devenir aussi une *récompense* quand il nous offre l'illusion, absurde mais nécessaire, de redémarrer chaque matin une existence nouvelle. Il est à la fois le compte à rebours qui nous achemine vers la fin et la divine permission de récidiver inlassablement. La répétition est une force ambivalente, stérilisante et fécondante ; elle dessèche autant qu'elle transforme.

Répéter est la condition minimale pour se maintenir dans la durée et progresser. Alors les deux temporalités qui nous habitent, l'écoulement linéaire et le cycle, semblent se réconcilier et donner le sentiment d'un progrès à travers une apparente inertie. Nous n'aimons pas les redites et pourtant la vie n'est faite que de cela : reprise d'un sport, d'une pratique artistique, d'une discipline, d'un rôle au théâtre, d'une entreprise en difficulté, d'un pays en faillite, relecture d'un classique oublié, remariage, retrouvailles d'un ami, réinsertion d'un geste passé dans le présent. La reprise « est un re-souvenir en avant », disait Kierkegaard, une « seconde puissance de la conscience[1] », une nostalgie positive créatrice d'avenir. Parce qu'il faut « avoir fait le tour de la vie avant de commencer à vivre », la reprise exhume des aptitudes enfouies, réveille des possibles insoupçonnés. Autrement dit, comme dans la figure de la spirale, ça revient mais ça ne revient jamais au même et jamais à la même place : c'est une illusion de croire que l'on fait peau neuve mais une illusion plus grave encore de désespérer d'une nouvelle floraison. La vie a la double structure de la rengaine et de la surprise. *La répétition fertile nous protège du radotage stérile.* Elle est une source de plaisir quand elle produit du nouveau sous le masque du déjà-vu, dynamite la convention pour l'emporter ailleurs. La fausse familiarité fabrique de l'étrangeté sous couvert de respecter

1. Sören Kierkegaard, *La Reprise*, traduit par Nelly Viallaneix, Garnier Flammarion, 2008, p. 66.

les règles. Mais la rengaine elle-même est un régime complexe ; si elle accable certains, elle rassure les autres et constitue un abri psychique où se protéger des atteintes du monde. Il y a quelque chose d'hypnotique dans le ronronnement d'une existence entièrement prévisible.

Voyez la musique : dans le *Boléro* de Ravel, par exemple, comme l'ont montré Jankélévitch et Clément Rosset, l'éternel retour du même thème est une double source de joie et de tragédie et constitue ce paradoxe : une progression stationnaire. L'insistance rassure et réjouit, la ritournelle est novatrice. Le grand violoncelliste Pablo Casals joua, dit-on, jusqu'à 96 ans tous les jours la même pièce de Bach, sans en éprouver autre chose qu'un ravissement renouvelé [1]. L'Orient a su faire du ressassement un merveilleux motif artistique, par la reprise inlassable d'un même thème. Toutes les récidives ne sont pas identiques et finissent par engendrer de légères déviations. C'est, par exemple, la beauté des interminables mélopées d'Oum Kalsoum, qu'immobiles en apparence à une oreille occidentale, elles ne cessent de creuser de petites différences, dans l'intensité comme dans l'intonation, perceptibles à un auditeur attentif. Et l'on pourrait dire la même chose de la grande musique indienne qui est un cheminement pétrifié, un séjour enivrant dans une note indéfiniment tenue et modulée. La raré-

1. Cité in Lisa Halliday, *Asymétrie*, traduit par Hélène Cohen, Gallimard, 2018, p. 331.

faction apparente de la mélodie ouvre à des sensations plus fines que la simple profusion sonore. Ces altérations microscopiques requièrent alors une autre écoute.

C'est aussi l'objet de l'éducation : l'apprentissage à force de rabâchage. On sait combien l'insistance et l'entêtement, souvent effroyablement monotones, sont seuls à même de nous inculquer une discipline, de venir à bout d'une difficulté. À remettre l'ouvrage sur le métier, on finit par le maîtriser. De la même façon, il faut en philosophie, en sciences, en politique, en économie remâcher inlassablement les mêmes idées qui ne sont pas tout de suite reçues, ni assimilées. Se répéter pour un artiste, un leader, un chercheur n'est pas un signe d'infirmité mais d'opiniâtreté. L'on ne fait de grandes découvertes qu'en revenant inlassablement sur le même thème, qu'en creusant le même sillon. La persévérance est le catéchisme de la volonté. Mais il y a aussi des obstinations coupables : tels ces anciens contestataires qui retombent, l'âge venant, dans *le gauchisme de l'andropause*, se donnent l'illusion de n'avoir pas vieilli et reprennent, sans esprit critique, les slogans maoïstes ou trotskystes de leur jeunesse. Ils appellent fidélité ce qui n'est qu'entêtement dans la bêtise.

La répétition crée de la divergence à partir de la redondance. Voyez encore la pendule ou le chronographe : ils fabriquent du rectiligne à partir d'une circonférence et sont vraiment « une image mobile de l'éternité[1] » (Platon). Les aiguilles de la montre, axées sur la petite dentelle des heures et des secondes, ont beau tourner inlassablement sur elles-mêmes, comme le hamster dans sa roue, donnant l'illusion que rien ne change, l'heure avance impitoyablement et la journée aura bientôt disparu à minuit. « Comment parcourir de grandes distances sans jamais arriver nulle part ? En tournant en rond[2]. » La montre, lieu géométrique de la jonction du temps et de l'éternité, a ceci d'unique qu'elle est une duperie consentie : sphère parfaite, elle donne, au contraire du sablier, inexorable dans son écoulement, l'impression que rien ne bouge, que tout se reproduit sans drame. L'aiguille, porte étroite entre le passé et le futur, esquisse dans sa giration une fausse stagnation. C'est une ronde qui feint le surplace. On est loin ici de l'utopie de l'éternel retour de Nietzsche où « la maison de l'être » se rebâtit à l'identique et pour toujours, année après année. La répétition, au contraire, est un ressassement qui inaugure, une réitération qui invente.

Dans une nouvelle génialement provocatrice, Borges imagine qu'un certain Pierre Ménard, recopiant ligne à ligne et mot à mot quelques pages du *Don Quichotte* de Cervantès au début du XXe siècle, produirait un texte absolument inédit, riche de

1. Platon, *Le Timée*, Garnier Flammarion, 1969, p. 417.
2. Daniel Mendelsohn, *Une Odyssée. Un père, un fils, une épopée*, J'ai lu, traduit par Clotilde Meyer et Isabelle Tandière, 2019, p. 295.

tous les siècles écoulés depuis, et bien plus subtil que l'original[1]. Ces deux proses, semblables en apparence, seraient donc totalement différentes. Le Même ne serait qu'un Autre masqué, les semblables ne présenteraient entre eux aucune similitude. Ce sophisme borgésien donne le vertige. Il met en pièces toutes les notions de propriété intellectuelle et de démarquage: à le suivre, on peut stipuler qu'un auteur qui réécrirait aujourd'hui mot à mot tous les grands classiques du canon occidental ne pourrait être soupçonné de plagiat. La copie serait une re-création, peut-être même supérieure aux romans originels. La duplication constituerait un progrès formidable. Répéter, calquer serait alors diverger du tout au tout…

L'éternelle renaissance

Que reste-t-il à faire quand on croit avoir tout vu, tout vécu ? À recommencer sans cesse car le temps nous autorise à réitérer autant de fois qu'on le souhaite. La chair n'est pas triste, Dieu merci, et l'on n'aura jamais lu tous les livres. *La vie continue*: cette phrase effroyablement simple est peut-être le secret d'une longévité heureuse. La vraie vie n'est pas héroïque ou extravagante, elle est d'abord terre à terre, dans le besoin ressenti et assouvi, le

1. Jorge Luis Borges, «Pierre Ménard, auteur du *Quichotte*», in *Fictions*, Gallimard, 1983.

quotidien partagé. Nous sommes faits de « petits aujourd'hui », pour citer un personnage de Romain Gary. Il faut donc commencer par s'obstiner : ne pas ralentir, ne pas dételer, ne pas céder. Faire comme si on allait durer des décennies, continuer à prévoir, à projeter. « Je cours à ma perte », disait le philosophe italien Norberto Bobbio (1909-2004), « là où je cesse de courir, là est ma perte. »

Vivre consiste donc à transformer un hasard en choix pour se constituer un destin. Mais un destin pliable et flexible jusqu'au terme. Le temps nous emmène peut-être vers un affaiblissement progressif, il ne cesse aussi de repasser les plats : telle est la bonne nouvelle. Il n'est pas une roue qui nous broie inexorablement, il est une suite de bifurcations, de croisements qui nous offrent l'occasion de corriger ce que nous avions raté une première fois. Il donne raison à ceux qui ne lâchent rien quand leur est octroyée la chance d'une seconde, d'une troisième ou quatrième fois. La résurrection a lieu au sein de cette existence où nous mourons et revivons sans cesse. « Je voudrais pouvoir ne jamais cesser de venir au monde », disait magnifiquement J.-B. Pontalis. Cette renaissance n'est pas plus miraculeuse que ces insectes, évoqués par H.D. Thoreau, dont la larve enclose dans l'épaisseur du bois d'une table se réveille après des années grâce à la chaleur d'une théière[1]. Jusqu'au bout nous ne sommes qu'ébauchés et nous partons inaccomplis. Non seulement

1. Henry David Thoreau, *Walden*, p. 336.

il peut y avoir, à la suite d'une rencontre amoureuse, d'une découverte, d'un voyage un rajeunissement soudain, ce qu'on appelait autrefois l'été de la Saint-Martin[1] mais il y a des re-départs tardifs dans l'existence qui recèlent toute une épaisseur de destins possibles.

S'il est une nation qui a basé son credo sur le recommencement éternel, au risque d'en faire un mythe, c'est bien les États-Unis d'Amérique puisque chaque génération, là-bas, redémarre sur des bases nouvelles, efface le passif des précédentes et redéfinit le contrat social. Nous vivons toujours à l'essai, *l'existence est avant tout une expérience*. Elle est moins une ligne droite qui tend vers un but qu'un chemin de traverse qui avance par des voies détournées et ramasse dans ses anneaux tous ses cycles antérieurs. Nous traversons ainsi plusieurs vies de durée et de densité inégales. Si le commencement, disait Platon, « est un dieu qui, tant qu'il demeure parmi les hommes, sauve tout », le recommencement est un souffle qui soulève les âmes et les protège de la pétrification, de l'accablement. C'est lui qui pousse l'alpiniste à retrouver un surcroît d'énergie quand il est au bord de l'épuisement, qui incite l'étudiant découragé ou le chercheur à persévérer dans l'effort, le militant à poursuivre dans le combat contre l'injustice, l'entrepreneur à surmonter les obstacles. Il y a peu d'origines absolues

1. Cité in Michel Philibert, *op. cit.*, p. 102.

dans une vie humaine, hormis la naissance ; mais d'innombrables renaissances, virages, glissements[1]. Ils sont nos sauf-conduits, la permission accordée à chacun de tâtonner, de s'égarer, de se reprendre. Chaque fiasco est un tremplin pour une nouvelle tentative. La vie heureuse est à l'image du phénix, dressé contre lui-même, consumant la forme qu'il s'est donnée, jaillissant de ses anciennes dépouilles pour se recycler sans fin.

Le fait que l'existence, après un certain âge, devienne plus prévisible ne la rend pas moins intrigante. Revivre est aussi exaltant que découvrir et les sensations déjà éprouvées n'y changent rien. À l'adolescence, nous rêvons parfois d'une seconde naissance où nous ne devrions plus rien à nos parents et serions à l'origine de nous-même. En ce sens l'été indien est un peu la répétition du dilemme adolescent. Il s'agit de retrouver en soi la foi qui crée, la vertu qui invente, le vertige qui hésite devant l'abondance des voies possibles. Le crépuscule doit ressembler à l'aube même si l'aube n'ouvrira sur aucune journée nouvelle.

1. Gilles Deleuze distinguait les lignes de fuite américaines qui sont une façon de reprendre une ligne interrompue et de rajouter un segment à la ligne brisée alors que les Français, dans la lignée de Descartes ou de la Révolution française, cherchent un point de départ et de rupture absolu. « Ce n'est jamais le début ni la fin qui sont intéressants, le début et la fin sont des points. L'intéressant, c'est le milieu. Le zéro anglais est toujours au milieu. » Gilles Deleuze et Claire Parnet, *Dialogues*, Champs Flammarion, 2008, p. 50.

Chant du cygne ou aurore ?

Éternelle question pour chacun d'entre nous : comment transformer en vertu créatrice l'élément destructeur du temps qui passe ? Dans le domaine pictural ou littéraire, certaines vieillesses sont des maturités prodigieuses, surtout chez les plus grands artistes, lorsqu'ils atteignent leur plénitude. Au mythe du rimbaldisme, de l'enfant poète, qui se consume à 20 ans, il faudrait opposer la réalité d'une création culminant avec le temps. C'est ce que Baudelaire notait à propos de Goya. À la fin de sa carrière, ses yeux étaient si faibles qu'il fallait, dit-on, lui tailler ses crayons. « Pourtant, il a, même à cette époque, fait de grandes lithographies très importantes, planches admirables, vastes tableaux en miniature – preuve nouvelle à l'appui de cette loi singulière qui préside à la destinée des grands artistes et qui veut que, la vie se gouvernant à l'inverse de l'intelligence, ils gagnent d'un côté ce qu'ils perdent de l'autre et qu'ils aillent ainsi, suivant une jeunesse progressive, se renforçant, se ragaillardissant et croissant en audace jusqu'au bord de la tombe[1]. » Nietzsche dira de Beethoven qu'il est « le produit d'une vieille âme agonisante, qui n'en finit pas de mourir et d'une âme à venir, très jeune qui n'en finit pas de naître ; sa musique baigne dans le clair-obscur d'un deuil éternel et d'une éter-

1. Baudelaire, *Curiosités esthétiques*, cité in Philibert, *op. cit.*, p. 103.

nelle espérance qui déploie ses ailes[1]... ». Le chant du cygne est simultanément une ouverture, la conclusion une préface. Impossible de décider si la sécheresse apparente des dernières œuvres marque l'épuisement de l'inspiration ou le rejaillissement créatif. Le sociologue américain David Riesman notait aussi ce phénomène : « Certains individus portent en eux-mêmes des sources de renouvellement propre ; vieillir accroît leur sagesse sans les priver de leur spontanéité ni de leur capacité de jouir de la vie (...) aussi longtemps que leurs corps ne se mue pas en ennemi actif, ces hommes sont immortels en raison de leur aptitude à se renouveler eux-mêmes[2]. »

Comment ne pas songer aussi à l'extraordinaire réincarnation de Romain Gary en Émile Ajar à la fin de sa vie qui lui permit de se dédoubler en deux auteurs parfaitement distincts, l'un grave et presque tragique, l'autre burlesque et drôle, de publier neuf livres en six ans sous un nom ou sous un autre, tout en maintenant le mystère de cette supercherie jusqu'à sa mort ? Exemple parfait de renaissance de la part d'un écrivain qui redoutait de sombrer dans l'indifférence générale[3]. Des créateurs vieillissants paraissent, dans leurs derniers opus, non comme des artistes essoufflés mais comme des démiurges

1. Nietzsche, *Par-delà bien et mal*, chapitre 245, Idées Gallimard, 1979, p. 191.

2. David Riesman, *Individualism reconsidered*, 1954, cité in Philibert, *op. cit.*, pp. 214-215.

3. Sur ce thème, voir Michel Tournier, « Émile Ajar ou la vie derrière soi », in *Le Vol du vampire*, *op. cit.*, p. 340 sqq.

en avance sur leur temps : ainsi de *Falstaff*, dernier opéra de Verdi, où le bel canto est délaissé au profit d'une déclamation d'une souplesse et d'une liberté totales, ou de *La Vie de Rancé* de Chateaubriand que Julien Gracq analyse en ces termes : « la langue de *La Vie de Rancé* enfonce vers l'avenir une pointe plus mystérieuse : ses messages en morse, saccadés, déphasés, qui coupent la narration tout à trac comme s'ils étaient captés d'une autre planète, bégayent déjà des nouvelles de la contrée où va s'éveiller Rimbaud[1]... » Le compositeur allemand Wolfgang Rihm soutient lui-même que « l'art n'a pas d'âge » : « Lorsque je compose, je remonte même le temps biologique. J'ai parfois 89 ans, puis 4, puis 53, puis 26 ans et demi, puis 73 puis je suis mort – cela signifie que je corresponds aux clichés de l'art provisoirement. Naturellement je ne serai jamais adulte, cela fait partie du jeu[2]. » Ainsi, en terre de création, mais aussi dans le quotidien le plus trivial, les époques interfèrent-elles dans tous les sens, les allers-retours sont-ils multiples : l'enfance, l'adolescence perdurent au moins comme potentialité jusqu'à une période avancée. On peut, jusqu'à un certain point, tordre le temps comme une cuillère, dans tous les sens.

1. Julien Gracq, *En lisant, en écrivant*, José Corti, 1981.
2. « Les formes cycliques de Wolfgang Rihm », *Le Monde*, 12 février 2019.

LES ÂGES EN CONFLIT

Chaque génération entre dans la vie active persuadée de faire mieux que les précédentes et regarde celles-ci avec dédain ou colère. Les parents, les professeurs paraissent des vestiges encombrants. Des gérontes qu'il faut pousser de côté pour faire place nette. Les jeunes sont impatients de leur damer le pion, séance tenante. Les adultes, à l'inverse, considèrent les nouveaux venus comme des sauvageons à qui ils désespèrent d'inculquer la moindre notion. Ils veulent nous effacer, disent-ils ; qu'ils parviennent déjà à nous égaler ! Il est des générations décisives et des générations neutres. Celle de la Seconde Guerre mondiale en France, de la guerre d'Algérie et de Mai 68, de l'antitotalitarisme, ont, d'une manière ou d'une autre, marqué leur temps. La vérité dont chacune est porteuse fait l'objet de contestations ; il est tentant pour la jeunesse de les balayer parce qu'elle peut leur attribuer tout ce qui va mal. Elle peut aussi envier les aînés (« j'aurais tellement aimé vivre pendant la Résistance, ou pouvoir refaire le monde dans les années 70 ») et les accuser d'avoir trahi leurs idéaux. Certaines générations font l'histoire, d'autres font des commentaires et prétendent ranimer la flamme abandonnée par les grands anciens : par exemple la reprise grotesque de l'utopie bolchevique ou castriste par certains groupes minoritaires aujourd'hui. Karl Marx : « Tous les grands événements et personnages de l'histoire du monde se produisent pour ainsi dire deux fois (...) : la première fois comme une grande tragédie, la seconde comme une farce sordide[1]. » Ces moments cruciaux ricochent les uns sur les autres, telles les répliques d'un tremblement de terre : Mai 68, qui fut lui-même une parodie, un magasin d'accessoires de 1917, de Cuba et de la Chine maoïste, est à son tour singé par toute une jeunesse en mal d'engagements. Les Gilets jaunes à Paris en 2018 et 2019 ont mimé vaguement la Révolution française avec des guillotines en carton pour décapiter le président Emmanuel Macron. « Les époques vides, disait Sartre à son tour, sont celles qui choisissent de se regarder avec des yeux déjà inventés. Elles ne peuvent rien faire que raffiner sur les découvertes des autres, car celui qui apporte l'œil apporte également la chose vue[2]. »

Le terme de génération est lui-même problématique : on n'est pas solidaire ou proche des gens de son âge parce qu'on partage avec eux une même date de naissance. C'est a posteriori que nous sommes affiliés à cette classe précise. Plus nous vieillissons, plus nous sommes amalgamés, à tort, à nos contemporains biologiques, embastillés de force avec eux dans les rets d'une même case temporelle. Mais notre esprit, nos

1. *Le 18 Brumaire de Louis Bonaparte*, 1852.
2. Jean-Paul Sartre, *Situations* I, Gallimard, p. 365.

goûts nous portent ailleurs. Comme si tous les nourrissons d'une maternité étaient condamnés à se développer ensemble de la naissance jusqu'au terme, enchaînés par le hasard d'un chiffre et d'une heure.

Tout parent, éducateur délivre deux enseignements : un premier, officiel, l'ensemble des principes, valeurs, qu'il proclame ouvertement et défend. Et un second involontaire, qu'il affiche à son insu, par son attitude, ses relations avec les autres et qui peut être aux antipodes de ce qu'il professe. Il arrive que la progéniture copie instantanément les conduites silencieuses, par un mimétisme souterrain, et néglige le message explicite, le considère comme un fatras. Chacun de nous transporte aussi, qu'il le veuille ou non, une ressemblance avec ses géniteurs. On peut en vieillissant devenir pareil au père qu'on détestait, à la mère que l'on trouvait ridicule ou odieuse. Leurs manies déteignent sur nous, leurs tics, leurs expressions reviennent dans notre bouche. Ils peuvent aussi s'imprimer physiquement sur nous, envahir notre visage, superposer leurs traits aux nôtres. Nous sommes marqués, que nous le voulions ou non, et d'autant plus marqués que nous récusons le legs. Tout enfant grandit sur l'effacement symbolique de ses parents. Il déformera leurs enseignements ou pire les oubliera. À son tour, il aimera, souffrira à sa manière et communiquera ses propres névroses ou illusions à ses rejetons qui les contesteront.

Les cadets ne nous respectent plus, entend-on souvent. Mais s'ils nous vouvoient alors que nous tentons de les tutoyer, nous appellent Monsieur ou Madame quand nous les interpellons par leur prénom, nous sommes blessés. Et s'ils se lèvent pour nous laisser leur siège, dans les transports en commun, c'est encore pire. Cela veut dire que nous sommes passés de l'autre côté. Ils installent de la distance où nous voulions jouer l'intimité. Ils nous remettent à notre place. Un fils ou une fille, après s'être rebellés contre leurs aînés, se réconcilient parfois sur le tard avec eux et retrouvent le chemin de la concorde. Ils rentrent dans le rang après avoir jeté leur gourme ; ils ont enrichi leur vision du monde de leur regard critique, il a fallu ce détour pour qu'ils rejoignent enfin la grande chaîne du temps et deviennent un simple maillon dans une lignée qui les dépasse. C'est la voie mystérieuse de la continuité qui se poursuit à travers son refus apparent. La négation de l'héritage était son prolongement secret.

CHAPITRE 4

L'entrelacement des temps

> « Si chaque homme ne pouvait pas vivre une quantité d'autres vies que la sienne, il ne pourrait pas vivre la sienne. »
>
> Paul VALÉRY

> « Même une vie surchargée pourrait devenir plus légère si l'on y ajoutait une obligation nouvelle. »
>
> Henry JAMES [1]

Face au temps qui nous fait et nous défait, nous disposons d'au moins deux stratégies : la jouissance de l'instant ou l'insouciance de la durée. Ce double postulat fut défendu par les Anciens qui énoncèrent deux commandements contradictoires : vis comme si tu devais t'éteindre à chaque moment, vis comme si tu ne devais jamais mourir. Sénèque, après Marc Aurèle et Épictète, demandait d'éprouver chaque jour comme le dernier, appelaient l'âme « à la

1. Henry James, *L'Autel des morts*, Stock, Cosmopolite, p. 27.

reddition des comptes» tout en remerciant les dieux de nous accorder un lendemain. Bien avant eux, Aristote assignait aux hommes une noble mission: pour s'immortaliser, il leur faut privilégier la vie de l'esprit, la vie contemplative (la *theoria*), qui seule nous permet d'atteindre une sagesse quasi divine et ne pas borner ses pensées aux seules choses matérielles[1].

Prenons la première position: «Ce qui apporte la perfection dans la manière de vivre, c'est de passer chaque jour comme si c'était le dernier[2]... » disaient les stoïciens. Le propos est noble mais difficilement praticable sauf pour un condamné à mort qui attend l'exécution, une personne âgée très malade, soumise aux aléas de sa santé, ou un prisonnier politique: «Prévoir sa vie un jour à l'avance n'avait aucun sens», affirmait l'écrivain russe Varlam Chalamov (1907-1982) qui aura passé vingt ans de la sienne au goulag. Nul ne pourrait dormir tranquillement s'il ne craignait chaque soir de trépasser dans son sommeil. On se tient là dans *une dogmatique de la concision* qui ne résiste pas à l'expérience vécue. Il n'est pas de joie possible sans un minimum d'optimisme du temps, sans la croyance que les semaines à venir peuvent améliorer les choses. Penser chaque soir

---

1. Aristote, *Éthique à Nicomaque*, Livre X, Du plaisir et du vrai bonheur, chapitre VII, traduit par Alfredo Gomez Muller, Le Livre de Poche, 1992, p. 415 sqq.

2. Marc Aurèle, Épictète et Sénèque; cités in Pierre Hadot, *Qu'est-ce que la philosophie antique ?*, Folio Gallimard, 1995, p. 296.

que le dernier jour vient de passer, se glisser dans son lit comme dans un linceul est d'une coquetterie insoutenable.

Vis comme si tu devais mourir à chaque instant?

« Considérer chaque jour comme une vie achevée[1]. » commande la prudence autant que l'invitation à multiplier les plaisirs. Il faut vivre et voir le monde comme si c'était la première fois. Le vivre et le voir comme si c'était la dernière. Dans un cas, renouveler notre regard sur lui ; de l'autre, jouir d'exister comme d'un bien qui peut nous être dérobé sur-le-champ. On se concentre sur l'instant, de peur qu'il ne revienne jamais. C'est un éclair et un éclat volé à la durée. Il y a donc dans le *bien vivre*, à tout âge, deux propositions complémentaires : celle du *carpe diem*, l'art de cueillir le jour, l'heure, l'occasion et celle du projet, du temps long dont on ne saurait envisager le terme. *Chaque moment est définitif, chaque moment est un passage.* Toutefois l'idée que chaque matin est le dernier peut gâter tous les plaisirs. Une joie, un amour, une amitié n'ont de prix que d'ouvrir un avenir commun à partir de leur commencement. « Que philosopher, c'est apprendre à mourir », disait Montaigne, reprenant Platon. Il est déjà assez triste d'avoir à disparaître. Si, en plus, nous devons nous obséder

1. Sénèque, *Lettres à Lucilius, op. cit.*

matin et soir sur cet événement funeste, rien ne sert de venir au monde. Il faudrait donc s'exercer à s'éteindre toute sa vie pour n'être pas surpris quand la Faucheuse arrive ou méditer devant un crâne comme le faisaient les grands chrétiens face aux Vanités. N'est-ce pas le meilleur moyen de se gâcher l'existence en la soumettant au couperet quotidien de sa fin, au *memento mori*[1] ?

« Le présent seul est notre bonheur », selon Diogène ; il l'est aussi parce qu'il a un lendemain et n'est pas assujetti à l'étau infernal du maintenant et du plus tard. C'est une position philosophiquement séduisante, existentiellement intenable. Il faut donc inverser cet enseignement : philosopher c'est apprendre à vivre et surtout à revivre, dans l'horizon de la finitude. Chaque jour, nous l'avons vu, est une métaphore de l'existence avec son matin triomphant, son midi radieux et son crépuscule apaisé, de même que chaque vie a la structure d'une année avec son printemps, son été radieux, son automne et son hiver. Et pourtant nous nous réveillons le lendemain et pourtant nous fêtons la nouvelle année.

Qu'en est-il personnellement de ceux qui préconisaient un tel ascétisme ? Pour mémoire Sénèque mourut à 61 ans, forcé au suicide par Néron, après de louches compromissions avec les maîtres de l'Empire, Marc Aurèle à 58 ans, empoisonné à Vienne sur ordre de son fils Commode, et Épictète à 75 ou 80 ans selon les biographes. Ils eurent donc tout

---

1. Souviens-toi que tu vas mourir.

loisir d'envisager le futur et pour Marc Aurèle de façonner le destin de l'Empire romain. Répétons-le : une des conditions du plaisir, c'est d'être reproductible à l'infini. Chaque instant de bonheur veut son retour, son élargissement, son Encore. C'est la promesse du temps et toute promesse porte en elle une démesure : elle s'engage au-delà de ses possibilités, elle postule de façon insensée un avenir. Tant qu'on se nourrit de cette illusion, l'espérance domine l'expérience. Même un centenaire fait des projets et dit demain.

Le vieux boudoir du passé

Pour les individus comme pour les peuples, dit Proust, il y a pire que le plagiat, c'est l'autoplagiat[1] : se pasticher en croyant s'inventer. L'affirmation n'est pas tout à fait pertinente. Nous n'innovons souvent qu'en nous singeant, comme Proust lui-même n'a cessé d'approfondir son génie en se copiant et se recopiant jusqu'à trouver sa voix propre. Nous récitons mécaniquement des formules apprises par cœur jusqu'à ce que, de ces litanies, surgisse une étincelle. La création ou la recréation de soi jaillit toujours de la lutte entre une forme imitée et une

1. « Le plagiat humain auquel il est le plus difficile d'échapper, pour les individus (et même pour les peuples qui persévèrent dans leurs fautes et vont les aggravant), c'est le plagiat de soi-même. » *Albertine disparue*, Gallimard, 1925, p. 29.

forme nouvelle qui cherche à émerger. Nous commençons par céder aux automatismes, par reproduire des comportements usuels avant de les altérer, tant soit peu.

Pour progresser, il faut savoir régresser. Toute éducation d'un enfant connaît des retours en arrière qui ne sont pas des échecs mais une manière de revenir sur ses pas pour préparer une nouvelle avancée : détisser un comportement afin de le reaménager autrement. Les vertus d'une certaine régression sont identiques à tout âge. Tous ces passés froids, que nous laissons derrière nous, ne sont jamais complètement éteints. La fameuse phrase de Faulkner, répétée *ad nauseam*, selon laquelle « le passé n'est jamais dépassé, il n'est même jamais passé », est interprétée en général comme une tragédie, la preuve que le poids des drames antérieurs ne cesse de nous entraver. On peut toutefois l'entendre dans un sens plus léger : comme un appel à puiser dans notre vie vécue, analogue à une grotte où nous descendons, tels des spéléologues, pour éveiller certaines périodes enfouies, transformer le souvenir en avenir. Tous nos moi esquissés ou inachevés, ceux qui rêvaient d'une grande carrière ou d'un destin fabuleux, confluent à nouveau, les énergies se réveillent tels des volcans éteints. On a renoncé à certaines ambitions, elles nous relancent ou sont remplacées par d'autres. Vivre longtemps, c'est ne jamais faire complètement le deuil de nos aspirations passées. « J'ai de grands départs inassouvis en moi », disait Gabriel Fauré. Une virtualité prématurément refoulée, par exemple le rêve d'une carrière, est relancée : ces spectres nous habitent comme autant de possibles qui incubent en attendant d'éclore. Sans compter ces exploits imaginaires dont nous nous prévalons, actes d'héroïsme, romances déchirantes et invérifiables car nul n'est plus là pour nous contredire. Il nous faut ces légendes fabuleuses pour supporter l'effroyable platitude des jours et nous finissons avec le temps par croire à nos propres fictions et à mentir en toute sincérité.

Le passé n'est pas qu'un cadavre mangé aux vers. Il est à la fois « un gros meuble à tiroirs encombré de bilans », un « vieux boudoir plein de roses fanées » (Baudelaire) qui nous intimide ; mais aussi un coffre qui recèle des merveilles endormies, des sortilèges provisoirement assoupis. S'il bégaie encore dans notre conscience, cela prouve qu'il veut s'affirmer et bousculer la vie momifiée. Nous connaissons tout au long des années de multiples versions de nous-même que nous cumulons en quittant nos moi précédents. Nous abritons des locataires indélicats ou furieux qui demandent réparation ou veulent juste se pousser du coude. Même chez les grandes personnes, il y a toujours un enfant farceur qui souhaite refaire surface, un être abandonné qui réclame consolation, une vocation contrariée qui resurgit. Chacun est une multitude insatisfaite et bavarde. Les mémoires mortes, nous le savons depuis Proust, ne demandent qu'à être ranimées. La revisitation de notre propre histoire peut avoir des vertus thérapeutiques mais surtout romanesques. Nous soupçonnons que dans notre marche en avant quelque chose d'essentiel a été perdu dont il importe de retrouver la trace. Certains entassent journaux, lettres, babioles comme les vestiges d'une époque qu'ils souhaitent archiver pour la préserver de la nuit obscure de l'engloutissement. Quitte à se transformer en gardiens du musée de leur vie, en visiteurs de cimetière. D'autres à l'inverse se regardent dans le miroir trouble de la rétrospection pour rebondir.

L'ART DE NE PAS ÊTRE QUE GRANDS-PARENTS

On peut se réjouir d'avoir un jour des petits-enfants et définir comme Victor Hugo *L'Art d'être grand-père* comme « l'art d'obéir aux petits », d'être ces figures tutélaires bienveillantes qui prodiguent des conseils plus qu'ils ne donnent des ordres, s'inscrivent dans une lignée en déchiffrant sur le visage des nouveaux venus une similitude en pointillé. On jouit alors de tous les avantages des marmots sans les servitudes inhérentes. On réapprend avec eux les balbutiements de l'existence, les plaisirs du livret scolaire que l'on compare avec les nôtres, un demi-siècle avant, on s'émerveille de les voir grandir, réussir des études brillantes, oser ce qu'on avait soi-même raté, emmener la famille dans une nouvelle direction. Ils ne nous jugent pas en permanence, ne règlent pas des comptes, ne sont pas une machine à reproches. Leurs caprices mêmes sont délicieux car provisoires, leurs mots d'enfants nous ravissent, même les plus niais, ils permettent la tendresse sans la tension.

Cette autorité affectueuse n'épuise pas pourtant la vie ni l'énergie encore débordante d'un homme ou d'une femme de 60, 70 ans. D'autant que ceux-ci, dans une sorte de transmission inversée, doivent se soumettre alors aux ordres de leurs propres fils et filles qui savent mieux ce qui est bon pour leur progéniture : permission de s'occuper des petits mais aux conditions des jeunes géniteurs. Lesquels se scandalisent de voir leurs père et mère invoquer un emploi du temps surchargé pour ne pas prendre les enfants aux dates demandées ou venir les chercher à l'école. Au lieu d'être disponibles 24 heures sur 24, voilà que le grand-père ou la grand-mère, souvent séparés, remariés, ont leur propre vie, partent en voyage, vont à l'université, sortent ! Voilà qu'ils ne veulent plus qu'on les appelle Pépé ou Mémé, ces termes affreux qui sentent le rance et vous envoient au cimetière tout de suite. Papy et Mamie ne valent guère mieux. On ruse donc avec les mots en P ou en M, on privilégie l'allusion, on tourne autour du pot, on dévie la convention, on forge des néologismes plus ou moins poétiques. Bref la fonction vacille : elle n'a pas disparu, ne fût-ce que pour des raisons économiques, elle a cessé d'être immuable. Vieillir, ce n'est pas seulement jouer aux baby-sitters ou partager des souvenirs qu'on égrène mélancoliquement, c'est traverser des combats communs, définir des objectifs, se battre pour des projets. Être grands-parents n'est plus une identité, juste une étape supplémentaire et passionnante.

C'est toujours la première fois

Nous vivons, opaques à nous-mêmes, dans le brouillard du présent, sans saisir toujours ce qui nous arrive. Certains événements ne nous deviennent compréhensibles que longtemps après. Nous les déchiffrons dans le clair-obscur d'une mémoire chancelante mais tardive. Cette étrangeté de notre passé n'est pas qu'une dépossession, elle est aussi une manière de jouir de soi a posteriori, quand la réminiscence se fait reviviscence. On ne se savait pas aussi complexe, profus ! De la masse des souvenirs peuvent jaillir de nouvelles possibilités, telles des colombes qu'un magicien tirerait de son chapeau. Prédire l'avenir est difficile mais plus encore le passé qui ne cesse de changer au gré des jours et que nous colorons d'affects divers au fur et à mesure qu'il nous revient. D'où ces paradoxes temporels dont raffolent les romanciers : nous sommes nostalgiques du futur et prophètes du temps jadis qui ne cesse de faire irruption, de façon véhémente, dans notre présent, pour un colloque inédit.

En d'autres termes, la vie progresse à la manière de l'écrevisse : d'avant en arrière, d'arrière en avant. Le drame de la vieillesse, disait Mauriac, c'est d'être le total d'une vie, un total dans lequel nous ne saurions changer aucun chiffre[1]. Elle serait l'irrémédiable. Mais cette totalité est friable et toujours en voie de recomposition comme une mosaïque mobile. La lassitude possible du déjà-vécu, cet immense « à quoi bon ? » qui nous guette, dès l'adolescence, est éliminé par une certaine amnésie des plaisirs. On jouit toujours pour la première fois, quelle que soit l'acuité de nos remémorations, lesquelles portent la longue généalogie des délectations d'hier. En matière de volupté amoureuse ou alimentaire, le passé a une fonction apéritive : il éduque nos sens, notre intelligence et nos papilles au lieu de les anesthésier. Il charrie avec lui toute une épaisseur d'éblouissements anciens qui s'ajoutent à ceux d'aujourd'hui. La diffraction des saveurs dans la gastronomie, par exemple, ou les frissons de la jouissance ne souffrent en rien d'avoir été précédés par d'autres. Si je n'ai jamais dégusté une viande aussi fondante, jamais éprouvé un orgasme aussi puissant, c'est que mon corps rend hommage à une longue vie d'épicurisme tout en affirmant la prééminence du moment actuel.

---

1. François Mauriac, *Le Nœud de vipères*, Le Livre de Poche, 1973, p. 177.

Notre peau comme nos sens sont chargés d'une histoire aussi opulente que discrète. Notre goût artistique est riche de toutes les œuvres fréquentées, lesquelles, loin de nous lasser, nous préparent à de nouveaux chocs musicaux ou picturaux. C'est une amnésie discontinue qui se rappelle à nous pour mieux s'effacer. Les frémissements d'autrefois ne parasitent jamais la sensation actuelle. On ne mangerait pas de bon appétit si l'on devait se remémorer avec chagrin qu'on a déjà dîné la veille. C'est un être toujours affamé et heureusement gourmand qui passe à table et se moque bien de son dernier repas. Le délice du plat est ravivé par le souvenir des succulences d'hier qui l'affinent. L'oubli est la condition de la jouissance, grâce à cette merveilleuse machine à biffer qu'est le cerveau humain.

Redevenez comme des enfants ?

L'existence est donc un fleuve qui revient parfois à sa source quand se pratique l'inversion des trajectoires du temps : vieillir jeune d'abord pour rajeunir en vieillissant. Le monde est ancien, disait Hannah Arendt, et l'enfant y entre comme un ferment de nouveauté pour le révolutionner[1]. Mais il arrive que l'âge mûr soit renouvelé par la fraîcheur

1. Hannah Arendt, *La Crise de la culture*, Idées Gallimard, 1972, p. 247.

d'une enfance qui ne cesse de croître en lui au fur et à mesure qu'il s'en éloigne. Non pas l'enfance comme réalité mais comme disposition de l'esprit. Vivre bien consiste jusqu'au bout à s'éteindre et à se réveiller dans une suite d'alternances. C'est le phénomène religieux du *Revival*, du recouvrement de la foi, du regain de vitalité des croyances ; il s'applique aussi à des genres musicaux, des chanteurs (ou des hommes politiques) qu'on croyait disparus qui resurgissent soudain et retrouvent la ferveur des foules. Le *has been* a des retours en grâce, le Revenant est la figure même de la modernité : sur le cadran de la loterie médiatique, il y a toujours une case pour les stars fanées, les chanteurs abandonnés, les écrivains méconnus. La Fortune est bonne mère : elle sort parfois les oubliés du néant pour les jeter à nouveau en pâture, aux foules affamées, dans la lumière publique.

Il s'agit donc de retrouver l'enfantin (et non l'infantile), c'est-à-dire l'esprit de révélation. « Combien l'homme serait métaphysiquement grand si l'enfant était son maître[1] », écrit Gaston Bachelard commentant Sören Kierkegaard. « Nous avons tant besoin des leçons d'une vie qui commence, d'une âme qui s'épanouit, d'un esprit qui s'ouvre[2]. » Que signifie se mettre à l'école de l'enfance ? D'abord se rendre compte que l'on est à 60, 70 ans, malgré

1. Gaston Bachelard, *La Poétique de la rêverie*, PUF, 1968, p. 114.

2. *Idem*.

l'expérience, aussi perdus qu'à 20, moins l'espérance de pouvoir redresser la barre. Nous sommes échoués, nus, sur les rivages du temps, tels de vieux gamins qui doivent réinventer un regard virginal sur le monde, une disposition à la surprise. D'une certaine façon, nous regrettons l'ignorance bénie des petits qui semblait riche d'une intuition fondamentale plutôt que les semi-ténèbres de l'adulte dont la tête est farcie d'un savoir inutile. Rien de plus admirable mais aussi de plus stérile, parfois, que les connaissances accumulées avec les ans, érudition vaine qui raffine sur les détails, pinaille sur un mot ou un chiffre parce que la vue d'ensemble a été perdue. Quelle chance de pouvoir encore découvrir les classiques, la grande musique, les films majeurs pour la première fois, de visiter le globe avec un regard absolument neuf ! La seule jouvence qui nous attend, passé un certain âge, n'est pas celle du corps comme dans le mythe de Faust mais de l'intelligence et de l'émotion.

Nul ne rajeunira mais il reste possible d'enrichir notre conscience, d'entretenir l'esprit d'exploration et d'observation malgré les années : ce sont deux croissances antagonistes qui se contrecarrent sans s'annuler et installent en chacun de nous une tension bénéfique. La chute dans la vulnérabilité n'altère pas la profondeur de la pensée, laquelle suit sa trajectoire propre. « Faire toutes ses enfances », demandait François d'Assise : à savoir, rester proche de ses premières années, briser les limites du vieux moi en le plongeant dans un bain lustral. Vieillir sans laisser vieillir son cœur, en gardant le goût du monde, des plaisirs, éviter le double piège de l'introspection soucieuse et du dégoût. Il est au moins deux enfances dans une vie et, ce, à tout âge : la première qui nous quitte à la puberté et une autre qui survit à l'âge adulte, nous éclaire par visitations ardentes et nous fuit dès que nous tentons de la capter ou de la singer. La retombée en enfance n'est pas la rechute en puérilité mais une candeur par l'esprit, une rupture bienfaisante qui nous irrigue d'un sang neuf. Elle est donc une façon de se mettre en posture d'étonnement, contre la vie pétrifiée et fossile : une capacité de réconcilier l'intelligence et le sensible, d'accueillir l'inconnu, de s'émerveiller de l'évidence. À tout âge, la faculté de rebondir peut l'emporter sur le souci de se conserver et la paresse des acquis. « La vie consiste à donner un concert de violon tout en apprenant à jouer de l'instrument », disait Samuel Butler (1835-1902). Jusqu'au dernier jour, nous ne cessons de faire nos gammes, d'égrener des notes avec maladresse. Tous invalides, malades, brisés, broyés, égrotants, vieux et vieilles schnoques, donc promis à un grand avenir. Alors l'enfance n'est plus le travestissement pathétique où tombe l'adulte flétri mais le supplément joyeux de celui ou celle qui veut se retremper dans le charme des premiers temps. Elle frappe le visage du septuagénaire comme la sénilité précoce s'imprime parfois sur celui du jeune homme, puisque la bêtise, nous le savons, n'attend pas le nombre des années.

Nos Moi fantômes

Ainsi chacun dialogue en soi avec les diverses générations qui le composent, l'enfant qu'il fut, l'adulte qu'il est et le vieillard qu'il deviendra, pour les ranimer ou les conjurer. Quel est le statut de ces avatars ? Fantômes, anticipations ou revenants ? Depuis le Moyen Âge, le fantôme est un mort anonyme que nous croisons par hasard quand le revenant est un ancien disparu proche des vivants [1]. Mais il arrive que le moutard ou l'adolescent que nous fûmes nous soient devenus aussi lointains qu'un étranger et que leur surgissement soit moins un retour qu'une apparition. Tant que la conversation entre ces diverses périodes se maintient, la vie garde son étiage. Chacun demeure un confluent de plusieurs voix qui disputent en lui, s'accordent, se séparent, cumulant discordes et merveilles, ténacité et candeur. (Chez les Bambara, nous dit une anthropologue, peuple mandingue du Mali, un rite de réjuvénation approprié permet aux vieillards de redevenir des enfants de 7 ans et aux femmes de redevenir vierges [2].) L'âge n'est plus qu'un indicateur dont nous ne pouvons déduire automatiquement un style, une manière d'être. Le secret d'une maturité heureuse, c'est d'abord

1. Serge Tisseron, *Les Secrets de famille*, PUF, 2011, pp. 83-84.

2. Germaine Dieterlen, *Essai sur la religion bambara*, PUF, 1951, cité in Michel Philibert, *op. cit.*, p. 84.

l'indifférence à la maturité en tant qu'assignation. Le dépérissement progressif marche de pair avec la rédemption, nous voulons à tout instant rester sage et fou, cumuler la raison et l'espièglerie, la prudence et la témérité. Ce que l'âge mûr jalouse à la jeunesse, à juste titre, ce n'est pas seulement son allant, sa beauté, son goût du risque, sa plasticité cognitive, cette façon de renaître à elle-même, chaque matin, comme flambant neuve, c'est d'avoir tant de choses à apprendre, à découvrir, tant de vies à vivre, de passions à éprouver. Il faut conserver cette appétence jusqu'au bout, fût-ce au prix d'une certaine naïveté. *Grande leçon des années qui passent : à tout moment il faut repartir de zéro.* Comme si l'on ne savait rien. Comme si l'on pouvait enfin s'ouvrir à ce qui nous avait échappé ou intimidé.

Il est des maturités tardives qui mettent cinquante ou soixante ans à surgir : « Tes fruits sont mûrs mais tu n'es pas mûr pour tes fruits » (Nietzsche). Il faut, soutenait de son côté Kant, une soixantaine d'années pour fabriquer un philosophe ; avant cet âge on ne peut rien écrire d'original en ce domaine. La vieillesse est une compression des âges, elle les tient tous réunis, pour le meilleur et pour le pire : le critique littéraire Matthieu Galey (1934-1986) parle dans son *Journal* de « l'extravagance juvénilo-sénile » de Louis Aragon, après la mort de son épouse, Elsa Triolet, le poète communiste avouant enfin son homosexualité, s'affichant avec des jeunes gens et traversant Saint-

Germain-des-Prés affublé d'un masque blanc[1]. Le déclin physique peut cohabiter avec le génie, les maladies avec une acuité exceptionnelle. « Les yeux de l'esprit ne commencent à être perçants que quand ceux du corps commencent à baisser[2] », disait Platon. C'est le clair-obscur qui permet de voir, pas la grande lumière qui aveugle, surtout quand on est novice et avide de contrastes tranchés : la jeunesse est l'âge magnifique de l'absolu, c'est-à-dire de l'élan héroïque mais aussi souvent du crime et de la sottise. Seules les années apportent l'art de la nuance. Même s'il est beaucoup de vieillards gâteux et délirants, il est aussi des hommes et des femmes illustres, maîtres en discernement, qui persistent jusque sur le tard dans la clairvoyance et dont la verdeur intellectuelle nous laisse pantois.

Toutes ces vies inachevées que nous portons, enroulées les unes aux autres, comme un ombilic au graphisme complexe, peuvent parfois resurgir et donner lieu à un courant temporel inédit ; un fragment ancien revient et devient un incipit nouveau, les flux s'entrecroisent dans tous les sens. *La vie s'écrit en lettres minuscules mais c'est une longue lettre* : la traversée fut périlleuse parfois mais magnifique. Pierre Bayle, le penseur français de la tolérance avant Voltaire, revendiquait les « droits de la conscience errante », le droit de se tromper, de

1. Matthieu Galey, *Journal, 1974-1986*, Grasset, 1989.
2. *Le Banquet*, 219 a, Garnier Flammarion, pp. 80-81.

revenir sur ses pas sans être forcé à embrasser telle vérité, telle religion. Nous sommes à cet égard des âmes errantes improvisant leur quotidien au jour le jour. Nous cheminons sans hâte vers le terme, multipliant les pas de côté, les échappées belles. Il faut dévaler la pente de la vie en la remontant.

FISSURES, FÊLURES, FRACTURES

« Toute vie est bien entendu un processus de démolition mais les atteintes qui font le travail à coups d'éclat (…) n'ont pas d'effets qui se voient tout de suite. Il existe des coups d'une autre espèce qui viennent du dedans – qu'on ne sent que lorsqu'il est trop tard pour y faire quoi que ce soit[1] » (Fitzgerald). Qui ne connaît ce texte somptueux ? La fêlure dont parle l'auteur de *Gatsby* évoque ces failles d'abord invisibles qui fendillent les blocs de pierre et finissent par les désintégrer. Alcool, déconvenues amoureuses, appauvrissement, perte des illusions et de la santé, déroute de l'inspiration, échecs littéraires donnent à cette nouvelle une sorte de magnificence tragique. Dans le beau commentaire qu'il en donne, tout empreint de pathos, le philosophe Gilles Deleuze part de l'évidence de ce court chef-d'œuvre qui s'impose à nous avec un « bruit de

1. Scott Fitzgerald, *La Fêlure*, traduit par Dominique Aury et Suzanne Mayoux, Folio Gallimard, 1981, p. 475.

marteau[1] ». La vie est une bataille au-dessus de nos forces d'où nous ressortons brisés comme si une cassure n'avait cessé de se creuser en nous depuis la naissance, nous rendant semblables à ces porcelaines fragiles qui se désintègrent au moindre choc. La nouvelle de Fitzgerald est belle et irréfutable comme le malheur.

Qu'il soit permis de protester d'une autre logique : tout n'est pas que destruction et folie dans une existence, notre liberté est aussi de ralentir la désintégration. Nous ne vieillissons pas tous à la même allure et nous disposons même d'un certain pouvoir sur la mort grâce au suicide. Nul besoin, comme le fait Deleuze, d'invoquer les mânes d'Antonin Artaud, Malcom Lowry, Nietzsche pour se hausser au niveau de ces grands auteurs et professer « plutôt la mort que la santé qu'on nous propose[2] ». Il y a là tout un fatalisme convenu. En quoi l'école structuraliste de la *French Theory* reste marquée, tout comme le situationnisme d'un Guy Debord, par un romantisme noir, gourmand de destins fracassés : de façon habile, elle transforme la déchéance physique en intelligence supérieure, réinvente la vision platonicienne du corps comme obstacle à la vérité et à la santé. Puisque nous sommes mortels, autant convoquer la Faucheuse dès les

1. Gilles Deleuze, *Logique du sens*, Minuit, 1975, pp. 180-181.
2. *Idem*, p. 188. Atteint d'une grave maladie respiratoire, Gilles Deleuze se suicide en se jetant par la fenêtre le 4 novembre 1995 à l'âge de 70 ans.

premières années et se détruire dans un feu d'artifice de sentences pompeuses. La vie artistique inspire deux visions des âges : l'une sombre et tragique qui conjugue l'intensité et la déchéance, l'autre lumineuse et positive qui permet jusqu'au terme de marier création et sénescence et dont un Picasso, un Miró seraient les meilleures illustrations.

Absurdement juchés aux derniers étages de l'existence sans pouvoir en redescendre, nous n'avons d'autre choix que de poursuivre, marche après marche. Si la vie a souvent été comparée à une échelle, nous réalisons, à mesure que nous montons, que les derniers barreaux ne sont adossés à aucun mur mais reposent sur le vide. Comme ces personnages de dessins animés qui sautent d'une falaise et continuent à pédaler avec leurs jambes au-dessus de l'abîme. Il faut continuer à grimper comme si l'ascension ne devait jamais s'arrêter.

TROISIÈME PARTIE
Amours tardives

CHAPITRE 5

Les convoitises vespérales

> «Nous avons le même âge, Montand et moi. S'il a vécu mon vieillissement à ses côtés, moi j'ai vécu son mûrissement à mes côtés. C'est comme ça qu'on dit pour les hommes. Ils mûrissent : les mèches blanches s'appellent "des tempes argentées". Les rides les burinent alors qu'elles enlaidissent les femmes.»
>
> Simone SIGNORET[1]

«Je suis un être répugnant et couvert de rides. La nuit, avant d'aller me coucher, lorsque je me regarde sans dentier dans un miroir, je me trouve une drôle de figure. Ma mâchoire ne comptant plus une seule dent à moi, ni en haut ni en bas. D'ailleurs je n'ai même plus de gencives. (…) Moi-même, je n'en reviens pas. Pas un être humain, pas même un singe ne voudrait d'une figure aussi hideuse. Évidemment, je ne suis pas assez stupide au point de vouloir être aimé des femmes dans de telles conditions (..) mais

1. Simone Signoret, *La nostalgie n'est plus ce qu'elle était*, Le Seuil, 1979, p. 371.

je peux, dans la quiétude générale, fréquenter une jolie femme. Et en place et lieu desdites aptitudes, je peux pousser cette jolie femme dans les bras d'un bel homme, provoquer ainsi une guerre domestique… et jouir de cela[1]… »

Un vieil homme de 73 ans s'éprend de sa bru Sitsuke, une ancienne danseuse de music-hall qui exerce sur lui un pouvoir absolu. Obsédé par le beau sexe, quoique impuissant, il continue d'éprouver « l'attirance sexuelle selon diverses modalités atypiques et indirectes ». Dans un journal qui se présente sous forme de bulletin médical où sont pris en compte la tension, le rythme cardiaque, la diète, la paralysie des membres, l'écrivain japonais Junichirô Tanizaki (1886-1965) nous montre l'emprise grandissante que prend cette jeune femme sur son beau-père. Tout le récit est tendu entre deux extrêmes : la dégradation physique du narrateur et le désir pour Sitsuke, qu'il soudoie moyennant argent et cadeaux. Mais les récompenses sont maigres : elle ne lui accorde que de menues privautés, la contempler nue de dos sous la douche, lui masser la voûte plantaire. Elle le gifle dès qu'il tente de l'embrasser et s'écrie : « Oh quel coquin, ce grand-père[2] ! » Tente-t-il de lui voler un baiser « sur la partie charnue de son épaule droite[3] »

1. Tanizaki, *Journal d'un vieux fou*, Folio Gallimard, 1962, p. 28.
2. *Idem*, p. 63.
3. *Idem*, p. 68.

qu'il reçoit une autre claque sur la joue gauche. Elle continue à l'aguicher en l'autorisant toutefois à baiser sa voûte plantaire. « Quand tu m'auras touchée, il faudra de suite que je me rince, sinon je me sentirai sale. » Elle lui concédera finalement le droit de lui lécher passionnément les pieds moyennant le don d'une pierre précieuse de 3 millions de yens[1], un œil-de-chat dont elle a terriblement envie.

À chaque succès de ses entreprises, il est partagé entre l'exaltation et la terreur et souffre de petits malaises cardiaques. Bien que mariée au fils du vieux, Sitsuke prend un amant que son soupirant connaît. Il approuve et protège leurs amours clandestines, à l'insu de sa propre famille. Elle va jusqu'à frotter sa joue contre un chien pour le rendre jaloux et guette, amusée, ses réactions. Il endure tout, prêt à mourir pour une faveur, tout à sa « vile fascination » envers cette femme qui le méprise et l'exploite. Plus il se trouve laid et repoussant, plus il la trouve supérieure, plus il se montre odieux avec son épouse et ses enfants à qui il ne souhaite que malheur et misère. Finalement, il fait mouler les pieds de son idole qu'il posera en sculpture sur sa tombe pour qu'elle puisse piétiner à jamais les ossements du vieillard imbécile qu'il est devenu...

Le barbon dédaigné par la soubrette qu'il courtise, le grand-père ridiculisé par l'actrice ou la courtisane, la rombière entichée d'un jeune homme qui la raille, les vieillards tentant de violer la jeune Suzanne qui

---

1. Plusieurs milliers d'euros actuels.

prend son bain et l'accusant d'adultère dans la Bible (Vulgate, chapitre 13 du Livre de Daniel). De Molière à Tennessee Williams, tout le théâtre, la littérature et plus tard le cinéma enregistreront avec cruauté l'écart entre les prétendants, hommes ou femmes, et les courtisés. Chateaubriand amoureux vers la fin de sa vie d'une jeune fille qui l'éconduit, Casanova, dans un roman d'Arthur Schnitzler, contraint dans son grand âge de se déguiser en tourtereau, la nuit, pour séduire une jeune personne. Mais aussi Goethe à 72 ans, demandant en mariage à Marienbad, par l'intercession du grand-duc Karl August de Weimar, une quasi-adolescente de 19 ans, Ulrike von Levetzow, qui décline ; Mrs. Stone, quinquagénaire américaine, à Rome, amoureuse du beau Paolo, 20 ans à peine, qu'elle paye, s'humiliant jour après jour et voyant son existence s'écrouler « en plis désordonnés comme une toile de tente lorsque le mât central vient de se dérober [1] ». Julie de Lespinasse (1732-1776), amie de D'Alembert s'éprenant à 40 ans d'un homme plus jeune qu'elle, le colonel de Guibert, fat et insignifiant, dont l'indifférence finira par la tuer. Aujourd'hui encore ces femmes mûres, anglaises, françaises, allemandes, canadiennes ou autrichiennes en goguette à Cuba, au Kenya ou en Haïti pour trouver de robustes amants dont elles exigent vigueur et sentiments [2].

1. Tennessee Williams, *Le Printemps romain de Mrs. Stone*, traduit par Jacques et Jean Tournier, Plon, 1951.

2. Voir les films d'Ulrich Seidl, *Paradis : amour*, 2014, et de Laurent Cantet, *Vers le sud*, 2005.

Partout la nature semble se venger des mésalliances générationnelles. La moquerie est universelle et porte aussi sur ces dames qui veulent continuer à plaire malgré leurs charmes fanés : de l'aguicheuse édentée de Goya, déjà une tête de mort fardée qui n'a pas vu les années passer, à l'actrice déchue selon Maupassant, « une sorte de fausse jeunesse éventée comme un parfum d'amour ranci », sans oublier « le sac d'os à l'haleine fétide », que brocarde Théophile de Viau au XVIIe siècle. L'opinion est cruelle envers ceux et celles qui oublient la retenue propre à l'âge. Seul Victor Hugo dans « Booz endormi » imagine un ancêtre qui connaît une nuit triomphante et engendre grâce aux caresses d'une jeune personne. Mais la poésie a tous les droits que le réel lui refuse.

Asymétries et péremption

Dans son Journal fictif (*Diary of a good neighbor*) écrit en 1983, Doris Lessing narre les mésaventures d'une quinquagénaire en Angleterre : « Un jour je me suis arrêtée à une station-service. J'avais conduit longtemps, j'étais fatiguée et j'ai dit : "Remplissez-moi." Le pompiste a répondu : "Avec plaisir, madame, mais le réservoir seulement[1]." » Quant à la romancière Annie Ernaux, relatant un épisode de vol à la tire dans un grand magasin dont elle fut l'objet à Paris à l'âge de

1. Doris Lessing, *Journal d'une voisine, Les Carnets de Jane Somers 1*, Albin Michel, 1985, p. 33.

45 ans, elle raconte comment, vaguement séduite par l'allure apache du jeune cambrioleur, elle se sentit « humiliée plus encore que tant de maîtrise, d'habileté, de désir ait pour objet mon sac à main et non mon corps[1] ». « Pourquoi est-il si difficile pour une femme au milieu de son existence de refaire sa vie[2] ? » résume la philosophe Monique Canto-Sperber ?

Voici le problème posé crûment : l'art d'aimer, la vie conjugale seraient inaccessibles aux femmes au-delà d'un certain seuil. Pas de séances de rattrapage pour elles, dit l'opinion commune : à leur égard la date de naissance importerait moins que la date de péremption. Beaucoup dénoncent cette asymétrie qui voit des messieurs surannés s'acoquiner avec des jeunesses alors que les femmes de leur âge ne sont plus que de « vieilles sorcières[3] » bonnes à mettre au rebut, des « denrées périssables » (Susan Sontag). Les hommes avanceraient en beauté, les femmes en laideur. « Les mortelles ordinaires risquent gros en vieillissant : la radicale expulsion du Pays du Tendre[4]. » Pour le beau sexe, le marché de l'amour s'effondrerait au mitan de la vie, dressant les aînées contre les cadettes qui les repoussent dans les coulisses. Il n'y aurait pas, sauf exception,

1. Annie Ernaux, *Journal du dehors*, Folio Gallimard, 1993, p. 101, cité in Martine Boyer-Weinmann, *op. cit.*, p. 88.

2. « Le sexe et la vie d'une femme », *Esprit*, n° 273, mars-avril 2001.

3. Suzanne Kadar, *Elles sont jeunes… eux pas*, Éditions du Sentier, 2005.

4. *Idem*, p. 90.

de deuxième ou troisième chance. Le côte-à-côte d'un « Jules aux tempes grises » et d'une nymphette est accepté comme un fait social, l'inverse non. D'où la rage des épouses abandonnées dont le mari a fui auprès d'une trentenaire, d'un « retardateur chronologique[1] » (Sylvie Brunel) et qui se sentent délaissées. Voici la partenaire légitime rétrogradée au rang de confidente ou de meuble qui a fait son temps tandis que la jeune fiancée risque surtout d'être abonnée aux rôles de garde-malade et de baby-sitter si l'écart générationnel est important[2].

Que reste-t-il aux femmes, passé la cinquantaine ? dit la rumeur. Une solitude assumée qui n'a rien à voir avec celle des veuves éplorées du XIXe siècle ou des vieilles filles d'antan mais qui n'en est pas moins poignante. Cette solitude intervient après une révolution des mœurs dans les années 60 du XXe siècle, supposée garantir l'égalité dans le plaisir alors qu'elle

---

1. Sylvie Brunel, *Le Voyage à Timimoun*, Jean-Claude Lattès, 2010, pp. 46-47.

2. Lisa Halliday, *Asymétrie, op. cit.* Le roman raconte avec humour et distance la liaison de la jeune Alice, 23 ans, et d'un célèbre écrivain, Ezra Blazer, qui pourrait être son grand-père, il a 74 ans et attend, chaque année, le prix Nobel. Les ébats amoureux sont esquissés, avec pudeur, Alice se glisse sous les draps jusqu'à ce que son vieil amant « jouisse comme une petite fontaine à eau ». L'homme souffre du dos, se fait poser des stents et manque à chaque page de se désintégrer mais il vit sa déchéance physique avec ironie. Elle s'inquiète pour lui à la moindre alarme. Ezra Blazer serait un portrait très bienveillant de Philip Roth avec qui Lisa Halliday a eu une liaison dans sa jeunesse et à qui le livre rend un hommage appuyé.

perpétue une injustice. La profusion sensuelle, promise à tous, se résume pour une majorité de personnes du deuxième sexe à une traversée périlleuse ou pire à un désert. Elles se sentent périmées et doivent entamer une trajectoire en solo. Le constat est implacable et apparemment irréfutable d'autant que les femmes vivent en moyenne cinq années de plus que les hommes, autre inégalité qu'il faudrait dénoncer (même si elle tend à s'atténuer depuis que les premières entrent massivement sur le marché du travail, fument, boivent et subissent un stress équivalent). Elles tiennent plus longtemps, mais seules et libres, alors que les hommes semblent pressés de se remettre en couple, même après un veuvage[1].

Toutefois, il est possible que la situation soit en train de changer : à commencer par l'actuel président de la République française, marié à une femme de vingt-quatre ans de plus que lui. Il est probable que l'innovation majeure d'Emmanuel Macron dans le paysage mental de son époque soit sa position matrimoniale. En matière de mœurs, c'est l'élite qui donne le *la*. Mais la littérature, le cinéma nous offrent de plus en plus d'exemples de femmes mûres qui s'apparient avec des hommes jeunes, quitte, comme leurs homologues masculins du même âge, à avoir parfois le cœur brisé. En matière amoureuse, la fortune ou le prestige sont des arguments qui peuvent rendre n'importe

1. Dominique Simmonet, Joël de Rosnay, François de Closets et Jean-Louis Servan-Schreiber, *Une vie en plus*, Le Seuil, 2005, pp. 122-123.

quelle personne aimable. Dès qu'une femme dispose d'une certaine aisance, d'un nom, d'un statut, elle dispose aussi d'une chance supplémentaire de rester moins seule. Mais elle court alors les mêmes risques que les vieux prétendants, celui du malentendu, de la déception, du chantage financier, de la manipulation[1]. Si de vieux polissons s'acoquinent avec des Lolita, il est normal que des femmes mûres soient

1. Ce que montre très bien le film *Paradis : amour* d'Ulrich Seidl ou *Vers le sud* de Laurent Cantet avec Charlotte Rampling (adapté du livre de Dany Laferrière). Des dames d'un certain âge partent dans les pays du Sud, Maghreb, Caraïbes, Haïti, Afrique subsaharienne, Grèce ou Italie méridionale : elles veulent des hommes bien membrés mais qui les regardent avec les yeux du cœur et les embrassent tendrement. Ils voient en elles une simple source de revenus et ne manquent pas de tendre la main dès que l'amour est consommé. Elles sont écartelées entre tendresse et sensualité et, tandis qu'elles rémunèrent leurs amants, voudraient qu'on les aime pour elles-mêmes. Dans le premier film qui se passe au Kenya, l'héroïne principale demande, par exemple, au serveur de l'hôtel de la lécher. Il refuse poliment, très embarrassé par cette requête. Elle en pleure. La tragédie est la même pour les hommes du même âge épris de jeunes personnes, hommes ou femmes. L'amante ou l'amant n'ont de cesse de fuir ou de tromper ces protecteurs ou protectrices chenus qui les rémunèrent et dont ils ont honte. Le journaliste et chroniqueur Matthieu Galey raconte comment lors de la première d'une pièce de Bob Wilson en 1978, Louis Aragon s'affiche, à la corbeille, aux côtés de Renaud Camus qui se pavane et roucoule. Voilà que le vieux poète s'endort : Renaud Camus lui donne des coups de coude furibonds, sans effet, et lance des coups d'œil complices à la cantonade d'un air de dire : Il faut se la faire, la vieille ! *Journal 1974-1986*, *op. cit.*, pp. 69-70.

accompagnées de jouvenceaux. Que les ressorts de cette attraction ne soient pas uniquement sentimentaux, qu'il y ait de l'intérêt, du carriérisme, des motifs plus troubles ne change rien à l'affaire. On ne va pas interdire les rapports entre générations au motif qu'ils ne respectent pas la morale.

Mais ce qui scandalise dans ces couples désaccordés, homos ou hétéros, c'est l'irrecevabilité d'un désir qui devrait avoir honte d'exister. Passé une certaine limite, les êtres sont priés de se cantonner aux rôles de grands-parents, duègnes, patriarches ou chaperons. L'opinion publique prie les candidats défraîchis de s'abstenir, décrète leurs appétits inconvenants, dénonce les libidineux avides de confisquer la beauté et sur ce plan, c'est vrai, la nature et les préjugés sont plus cruels envers les femmes. De manière générale, la désirabilité d'un être diminue avec le temps comme le prix de sa vie puisque celui-ci est fixé, par les assurances, sur ses ressources à venir jusqu'au moment de son décès prévisible[1]. Un bébé vaut infiniment plus qu'un sexagénaire et un Américain plus qu'un Africain ou un Asiatique. Je suis un capital en constante déperdition à mesure que je vieillis et je serai, à partir d'un certain seuil, bon pour la casse et estimé en conséquence. La vie qui commence « vaut » plus

1. Sur ce chapitre voir François-Xavier Albouy, *Le Prix d'un homme*, Grasset, 2016, et Denis Kessler, « Quelle est la valeur économique de la vie humaine ? » in Roger-Pol Droit (dir.), *Comment penser l'argent ?*, Le Monde éditions, 1992, p. 310 sqq.

que la vie qui se termine. Cela ne signifie pas que la vie qui se termine ne vaut rien, qu'il faille ne plus soigner les patients âgés, ne plus pratiquer de greffe d'organes au-delà de 65 ans, comme le recommandent certains malthusiens au nom de l'écologie[1].

L'âge ne fait qu'ajouter un chapitre, le dernier, à la longue histoire du rejet qui consacre la libération de l'amour depuis les années 60 du XXe siècle. Les aînés subissent ce que subissent tous les recalés de l'amour : le malheur d'être éconduits. Que l'on sache, la catastrophe de l'exclusion commence très tôt. À l'amour, dès l'adolescence, un mot convient : celui de marché. Chacun dans ce commerce a une note qui varie selon l'apparence, la posture sociale, la fortune. Les splendides traînent derrière eux un cortège de soupirants, les vilains une foule de refus. Ce sont les abonnés au fiasco, ils font tapisserie dès la naissance. Comme le dit la chanteuse Juliette : « J'ai pas su y faire, j'ai pas la manière, J'ai jamais eu de veine, Je me traîne et Je sais bien que ça n'ira jamais (....) Je connais que la misère, je suis seule

1. Jean-Marc Jancovici, Socialter, juillet 2019. Soucieux de limiter la croissance démographique, l'auteur explique : « Dans les pays occidentaux, il y a un premier moyen de réguler la population de façon raisonnablement indolore. Ne pas mettre tout en œuvre pour faire survivre des personnes âgées malades à l'image du système anglais qui ne pratique, par exemple, plus de greffe d'organes pour des personnes de plus de 65 ou 70 ans. »

sur terre[1]... » Le jeu des grâces féminines et masculines est assujetti à des lois d'autant plus implacables qu'elles semblent relever du simple goût personnel. En réalité, derrière l'étendard de l'amour libre, se déploie une série d'interdits tacites, jamais formulés comme tels.

La rebuffade a ceci de terrible qu'elle ne peut être imputée à la méchanceté de l'État ou d'une classe sociale, mais à soi seul. Le sexe, offert en principe à tous en Occident, est un sexe refusé à beaucoup : la liberté affichée est surtout l'intimation faite aux obscurs, aux laiderons de se résigner à la solitude et à la misère. Notre société, en chantant toujours et partout la force solaire de la jouissance, pénalise plus encore ceux qui en sont bannis, les solitaires, les vieux, les déboutés du droit au plaisir, privés de siège au grand banquet de la volupté. La frustration est d'autant plus forte que l'hédonisme s'est imposé comme la norme unique. La dérégulation amoureuse, inaugurée dans la seconde moitié du XXe siècle, a été cruelle aux plus faibles et aux femmes qui en ont été les grandes perdantes. Il arrive que les exclus veuillent retourner dans le jeu, qu'ils se révoltent contre les discriminations dont ils sont l'objet et en premier lieu « l'âgisme ». Beau symptôme de la peur de vieillir, chez les hommes comme chez les femmes : décortiquer les défauts

1. Juliette Noureddine et Alexandre Tharaud, « J'ai pas su y faire » (Maurice Yvain), *Le Bœuf sur le toit*, Virgin Classics, 2012.

physiques des proches, avec l'espérance qu'on échappera aux disgrâces constatées chez eux. On se scrute avec acharnement les uns les autres pour savoir où l'on en est soi-même.

Quel est le tabou à surmonter quand on a dépassé la cinquantaine ? Non pas l'offense à la pudeur mais *le ridicule*. Quoi, vous en êtes encore là ? Là, c'est-à-dire dans ce nœud de pulsions, d'appétits qui constitue le psychisme humain. On hésite entre l'éclat de rire et l'indignation. Le vieux dégoûtant répugne comme répugne la grand-mère luxurieuse ; le sexe est devenu pour ceux-là une incongruité dont il conviendrait de dissiper toute trace. Pourtant, *croire qu'on est sur le tard enfin libéré des désordres de la passion est un contresens total : on aime à 60 ans comme à 20*, l'on ne change pas, ce sont les autres qui nous regardent différemment. « Le drame de la vieillesse, disait Oscar Wilde, c'est qu'on reste jeune. » Mêmes émois, mêmes chagrins, mêmes aspirations folles avec ce bémol important : nos requêtes sont désormais frappées d'interdit. Le cœur n'est pas plus sage à 70 ans qu'à 15, il est juste illégitime. Et la douleur des anciens n'a pas la noblesse de celle des tourtereaux, elle est juste déplacée. Au printemps 2019, la chanteuse Madonna poste sur Instagram une photo d'elle seins nus, elle vient d'avoir 60 ans. Les fans applaudissent, d'autres réagissent de façon mitigée. Honteuse exhibition disent les uns, négation de la décence propre à l'âge, affirment les autres. Un internaute français s'exclame : « Ma grand-mère n'aurait jamais fait ça ! » Mais n'est-ce pas le progrès que les grands-mères osent s'afficher et n'aient plus honte de leur corps ?

Le grand âge incarne une double utopie : négative, elle est vue comme l'antichambre de la mort. Positive, elle figure ce lieu improbable où nous serions délivrés enfin de la libido, de notre désordre intérieur. Au-delà d'une certaine limite, la paix des sens descendrait sur nous comme l'ombre sur les campagnes au crépuscule. Jeunes filles fanées, apollons empâtés, *sugar daddies* dégarnis, playboys fatigués, ex-belles du début du siècle seraient dédommagés de leur flétrissure par un détachement tardif. À cet âge, on réaliserait enfin ce rêve de toute l'humanité soulignée par Freud : l'élimination de la sexualité [1], l'aspiration à un état miraculeux d'avant la division entre hommes et femmes. Parce que nous aspirons secrètement à l'abstinence, nous la projetons sur ces visages marqués, ces têtes blanches qui sont entrées dans l'Eden de la sérénité. On voudrait, comme elles,

1. Freud, Lettre à Fliess : « Celui qui proposera à l'humanité de la délivrer de l'exubérante sujétion sexuelle, quelque sottise qu'il choisisse de dire, sera considéré comme un héros. » Dans le même esprit, cette citation tirée du *Monde* du 28 janvier 2017 : « On attend des personnes âgées une forme de renoncement aux plaisirs terrestres, via une sagesse qui les placerait magiquement hors d'atteinte des émotions fortes (..) si nous voulons croire que les anciens ne couchent pas, c'est parce que nous aimerions être libérés du sexe », Maïa Mazaurette.

faire le deuil de ses émois, éprouver alors la passion de maîtriser toutes les passions – « quel plaisir plus grand que le dégoût du plaisir ? » disait Tertullien. Sénèque, déjà, demandait d'en finir tôt avec les jouissances de la chair : « La volupté est chose fragile qui passe vite, sujette aux dégoûts ; plus avidement on l'épuise, plus tôt elle dégénère en souffrances que suit infailliblement le repentir ou la honte[1]. » Le sexe tel que nous le pratiquons aujourd'hui n'existera plus dans soixante ans, assurait en 1993 l'auteur de science-fiction Arthur Clarke[2]. Il est consolant de savoir que les plaisirs auxquels la fatigue nous oblige à renoncer se seront dissipés une fois que nous serons morts. « Les vieillards, disait déjà La Rochefoucauld, aiment à donner de bons conseils à défaut de fournir de mauvais exemples. » Les aînés concentrent sur eux tous les clichés jadis attribués au bon sauvage : ils deviennent le négatif vertueux de nos égarements.

Le joug de la concupiscence

Arrivé à l'âge de 80 ans, Sophocle, si l'on en croit Platon (*République*, 329 b), se serait félicité d'avoir été libéré du joug cruel de la concupiscence « maître rageur et sauvage ». Ce fut, disait-il, une

1. Sénèque, *Bienfaits*, Gallimard, Tel, 1996, p. 212.
2. Arthur Clarke, *Courrier International*, 16 décembre 1993, cité in David Le Breton, *op. cit.*, p. 181.

expérience analogue à celle d'un peuple qui renverse son tyran ou d'un esclave qui s'affranchit de son propriétaire. Cicéron qui cite Sophocle se dit lui-même trop heureux de s'être soustrait à l'empire de Vénus, « maître rude et déraisonnable [1] », et avoue sa préférence pour l'abstinence, au détriment des affres de la passion. Le sage, selon lui, devrait vivre dans la paix des sens et délivré de la soif des honneurs. Mais Cicéron lui-même, tandis qu'il prodiguait ses bons conseils, filait un doux amour avec la jeune Publilia, alors âgée de 14 ans et qu'il finira par épouser. On dira que 80 ans est un bel âge pour se résoudre à la chasteté, que Victor Hugo, Picasso avaient encore, passé cette date, des étreintes plus ou moins furtives et faisaient grand étalage de leur verdeur. Mais la princesse Palatine, célèbre commère du Grand Siècle, à qui l'on demandait quand le désir disparaissait pour une femme, répondit : « Comment pourrais-je le savoir ? Je n'ai que 80 ans. » Au-delà de la boutade, il y a peut-être une vérité qui mérite réflexion. Des artistes, des femmes de lettres, Colette avec Maurice Goudeket de vingt-trois ans son cadet, Marguerite Duras avec Yann Andréa, trente-huit ans de moins qu'elle (il fut son exécuteur testamentaire et ne se remit jamais de ce compagnonnage), Dominique Rolin avec Philippe Sollers ont éprouvé jusque sur le tard les beautés de l'attachement, de la

1. Cicéron, *De la vieillesse*, Garnier Flammarion, 1967, p. 36.

passion, de la jalousie sans pour autant constituer des exceptions, plutôt des éclaireuses.

Pour beaucoup, la libido, loin d'être un miracle, est un terrible souci qui contredit le rêve moderne de l'homme désengagé, maître de soi. Désirer, c'est encore souffrir, dirait le bouddhisme, puisque c'est aspirer à ce qu'on n'a pas. Sans aller jusqu'au geste extrême du moine Origène, un gnostique, qui, au IIIe siècle, se castre pour gagner au plus vite le paradis, on peut choisir dès la prime jeunesse d'éteindre en soi toute convoitise. Et s'inspirer du « renoncement à la chair » (Peter Brown) pratiqué par les premiers chrétiens pour se mettre en position de salut. Le sexe, le fait d'être né homme ou femme, constituait, selon saint Ambroise (340-397), cette cicatrice fatale qui nous sépare du Christ glorieux c'est-à-dire de la perfection (et la théorie du genre venue des États-Unis n'est jamais que la réécriture contemporaine de la haine du corps et de la sexuation aux origines de notre culture). Seule la continence pouvait abolir la frontière entre la créature déchue et son Créateur.

Les aînés, hommes ou femmes, seraient entrés dans *l'ère fascinante de la soustraction*. Le temps serait venu à bout chez eux du désordre des sens. Le meilleur remède aux licences érotiques résiderait, pour tous, dans la sphère heureuse du grand âge. Certes, bien des couples vieillissent dans la sérénité de la chair ; n'ayant plus rien à se prouver, ils peuvent faire l'économie de conjonctions démonstratives. Beaucoup mais pas tous : car le désir ne disparaît pas miraculeusement, passé la soixantaine, et de vaillants septuagénaires ou octogénaires continuent à en ressentir l'impérieuse nécessité. Tous ne se résolvent pas à être soulagés de ce fardeau et certains souhaitent persister dans la joie charnelle le plus longtemps possible. Il existe au moins deux sortes de bonheur : l'un d'apaisement, l'autre d'intensité. Le premier est privation de douleurs, le second, quête de fortes satisfactions. Les deux peuvent alterner chez une même personne, selon les jours ou les périodes. Dans un cas, le sentiment de bien-être vient de l'allègement des tensions. Dans l'autre, il traduit la recherche de belles sensations. Le premier est associé en général à la maturité, le second à l'impétuosité de la jeunesse. Mais « cet accidentel repentir que l'âge apporte » (Montaigne) frappe parfois dès l'adolescence alors que l'adolescence revient, comme un remords ou un prodige, dans une période avancée. On peut, comme certaines écoles de l'Antiquité, vouloir abolir la convoitise, dérober l'âme aux tumultes de l'Éros. Ou, à l'inverse, célébrer nos pulsions, ces forces puissantes qui nous rattachent à la terre et aux sortilèges du monde.

À tout âge nous avons le choix entre un tourment fécond et un bien-être fade. Telle est la difficulté : la grande maturité est traversée par des appétits sans l'autorisation de les manifester. Le corps devrait s'assagir à mesure que la sève de la jeunesse la quitte. Mais nous ne savons pas tout ce que peut un corps (Spinoza), à quelle démesure il peut atteindre. Il y a plus de ressources en nous que ce que nous croyons. De là que certains, à la manière de Sartre selon Michel Contat, pratiquent jusqu'au bout le « plein emploi de leur corps », persuadés de son potentiel illimité.

CES HÉROS AU-DESSUS DE NOUS

Vivre, c'est toujours admirer au-delà de soi, prendre modèle sur ces êtres uniques, hommes ou femmes dont la conduite nous rend force, espoir. Ce pourquoi l'on préfère souvent les biographies aux fictions : nous fascinent surtout les trajectoires de personnes qui ont chuté, mordu la poussière, se sont relevées. Ces péripéties d'une existence singulière donnent sens et figure à la nôtre. Cicéron dans son éloge de la vieillesse avait raison : les êtres d'exception se situent aussi dans ces espaces raréfiés de l'âge où un regard distrait ne voit que faiblesse et lassitude. Nous les déchiffrons avec passion pour savoir où nous en serons à ce moment crucial. L'exemple d'un être humain vaut tous les principes de la philosophie. Il est deux manières de concevoir la maturité : comme une falaise qui nous précipite dans la désolation ou un pré en pente douce qui mène lentement vers la fin. Même un déclin progressif connaît de multiples sursauts et rebonds. Le respect qu'inspirent certaines individualités va au-delà de la simple performance d'avoir duré (Emmanuel Kant). L'admiration pour ces grandes figures – pensons à celles de Simone Veil, Claude Lévi-Strauss, Marguerite Yourcenar – est inséparable de leur capacité à affronter l'adversité. Elles restent des modèles non à cause de leur âge mais en dépit de lui car leurs vies rayonnent d'originalité, de surprises. C'est dans le domaine créatif que l'étonnement reste le plus fort. Voyez ces réalisateurs octogénaires, Clint Eastwood, Woody Allen, Roman Polanski, qui continuent à travailler sans relâche, démentant tous les clichés, voyez Edgar Morin, 98 ans, qui continue à publier, ou ce réalisateur portugais Manoel de Oliveira qui tournait encore passé 100 ans, considérez la pianiste prodige Martha Argerich, 80 ans, la sculptrice et plasticienne Louise Bourgeois (1911-2010) qui travailla jusqu'à la fin. Et aussi cet autre pianiste, Martial Solal, qui donna son dernier concert à 90 ans. Ces personnalités périment à elles seules mille traités et nous rendent presque le vieillissement désirable. Émissaires de l'humanité dans ces continents lointains, elles nous disent que là-bas, la vie n'est pas seulement exténuée, elle est encore possible, et même imprévisible. Elles sont l'avant-garde sur le chemin de la vie qui tire le troupeau apeuré des récalcitrants.

Des requêtes indécentes

Si devenir adulte, c'est apprendre à hiérarchiser ses convoitises, dépasser cet âge, c'est paradoxalement les cultiver et même les multiplier. Vaincre ses désirs plutôt que l'ordre du monde, demandait Descartes. Mais le désir vaincu veut revenir, par des voies subreptices, et triompher, fût-ce un bref instant, de l'ordre du monde. Avec cette nuance : passé un certain seuil, il doit s'avancer masqué et s'envelopper de délicatesse. Il faut alors courtiser le consentement d'autrui, et même *faire sa cour* pour reprendre un terme d'Ancien Régime. Jamais cette discipline désuète, vomie par les néo-féministes, et qu'on appelle la galanterie n'a été plus importante, et ce pour les hommes comme pour les femmes. Un barbon ou une cougar doivent faire preuve d'élégance dans la proposition et ne pas copier l'impétuosité des adolescents. Les seniors sont les *marranes de l'amour*, contraints de se dissimuler pour être acceptés. L'appétence charnelle, à cette altitude, doit rester discrète, sauf à sombrer dans la sénilité paillarde. L'un des travers de l'âge, c'est trop souvent le sans-gêne, la disparition de la censure : de parfaits inconnus vous abordent, s'installent à votre table comme si vous étiez des familiers de toujours et, prétextant de vagues relations ou une simple coïncidence de date de naissance, s'incrustent. Vous leur appartenez du seul fait de les avoir croisés un jour sur un trottoir.

Comment est-ce possible ? se demande-t-on parfois quand on voit certains couples dépareillés. De ravissantes créatures avec des patriarches repoussants, des corps dionysiaques avec des ancêtres déjetés. La belle et la bête, l'accorte et l'avachi. Notre sens esthétique s'insurge, doublé d'une vague jalousie. Trop de gens ne se voient pas vieillir et s'imaginent, passé la cinquantaine, aussi appétissants que des éphèbes. Rien n'est assez beau pour eux, ils coulent des œillades prometteuses, avides d'ensorceler les objets de leur concupiscence ! Mais l'hypnotiseur s'égare. La *vieille coquette* se croit irrésistible et minaude, certaine d'envoûter sa proie. Le *vieux beau* insiste, fait un siège assidu, sûr de briser bientôt la résistance de sa promise. L'un et l'autre sont les pantins de leur fatuité et convertissent les rebuffades en preuves de séduction. « Si je l'avais voulu, il ou elle me tombait tout cuit dans le bec. » Ainsi se préservent des réputations et se renforcent des consolations. Le même narcissisme qui les a portés hier les coule aujourd'hui. En ce domaine, les hommes, avouons-le, sont les plus pathétiques : papys en catogan flanqués de gamines qui ont l'âge de leur fille, voire de leur petite-fille, trop soucieux d'afficher aux yeux de leurs copains une éternelle jeunesse. Vieux bourdons qui tournent autour des jeunes femmes avec leur sourire avantageux, leur politesse exagérée, leurs compliments ampoulés. Ce sont des maîtres ès superlatifs. On les laisse faire, comme un témoignage des mœurs passées, car *ça ne porte pas à conséquence.* La danse du paon, à partir d'un certain moment, est surtout contorsion du chapon. Hormones en berne, tisanes en abondance… et si l'on réduit les tisanes, cela ne réveille pas les hormones pour autant.

La tentation est grande aussi, à un certain âge, de céder au débraillé. Les baby-boomers négligés, hommes ou femmes, s'imaginent encore fringants quand ils ne sont que froissés. Vieillir, c'est aussi capituler et la capitulation commence par l'affaissement, le corps laissé à l'abandon comme une terre en friche. Le temps passant transforme souvent l'être humain en tube digestif qui ingère et boit, faute de mieux. Que reste-t-il à part l'addiction au remplissage ? Michel Tournier remarquait qu'il est deux façons d'avancer en âge : en gonflant, en s'amaigrissant. Les uns s'arrondissent, arborent des faces soufflées, une peau striée de ridules et de couperose. Les autres se dessèchent, réduisent leur anatomie à un sarment de vigne, arborent des visages décharnés, tout en peau et en os. Les rondeurs dissimulent les rides, la maigreur les souligne « comme des coups de couteau », dessine le squelette sous la tunique de l'épiderme. Que l'on vieillisse dans le confort d'un corps enrobé ou dans l'étroitesse d'un corps émacié, que l'on soit un ancien efflanqué qui bedonne ou un ancien gros qui a fondu, il n'est jamais facile, à toutes les étapes, de s'accepter tel qu'on est devenu. Et puisque la génération des années 70 du XXe siècle a réintroduit l'exigence de naturel contre l'artifice des manières, beaucoup de ses membres continuent, après 60 ans, à arborer la même dégaine, vêtements relâchés, tee-shirts douteux, jeans fatigués, minijupes ou shorts moulants. Ils veulent absolument garder l'uniforme de leurs 30 ans, donner le change. Le laisser-aller leur permet d'afficher leur fierté et de dénoncer la police de l'œil, la dictature des apparences. Ils avaient mis toute leur ardeur à rester jeunes, les voilà devenus vieux et tout le monde s'en aperçoit, sauf eux.

Les anciens tombeurs se croient vigoureux comme des étalons, les croqueuses d'hommes revendiquent des fureurs utérines dignes des courtisanes. Mais Don Juan s'est tassé, Messaline fatigue. La tragédie des années qui s'accumulent, c'est qu'on ne se voit pas changer avant que des inconnus ne nous ramènent à la raison. Sartre disait avec poésie qu'il offrait de beaux objets aux femmes pour faire oublier sa laideur. Pareillement, beaucoup se pensent effrontés et ne sont que des grivois qui radotent. « Ne suis-je pas toujours Casanova aujourd'hui comme autrefois ? Et si je le suis, pourquoi ne pas abolir en ma faveur l'odieuse loi à laquelle sont soumis les autres et qui s'appelle vieillir [1] ? » fait dire Arthur Schnitzler à son Casanova sexagénaire. Ainsi parle l'égocentrisme tout-puissant. On ne sait s'il faut en rire ou en pleurer.

---

1. Arthur Schnitzler, *Le Retour de Casanova*, traduit par Maurice Rémon, Les Belles Lettres, 2013, p. 115.

LE FANFARON ET LE PLAINTIF

Deux types humains très caractéristiques s'opposent l'un à l'autre : homme ou femme, le fanfaron se vante d'être en parfaite santé, de jouir d'un succès fulgurant, d'avoir des érections convaincantes ou des orgasmes époustouflants et de ne pas sentir le poids du temps. Il pérore, regarde avec commisération les gens de son âge, moque leurs jérémiades. On le retrouve régulièrement aux urgences, atteint de différentes affections qui le minent. Il se relève, se dit en pleine forme, rechute. Il y a une forme d'héroïsme dans sa forfanterie et s'il est balayé un jour, foudroyé par un infarctus ou emporté par un cancer, il succombera avec dignité, refusant de plier l'échine devant le destin. Son pendant est le plaintif : chaque jour le trouve frappé d'une nouvelle affection, l'envoie courir chez le médecin. Depuis ses 20 ans, il est certain de mourir la semaine prochaine et cela fait quarante ans que ça dure. Il fait partie de ces gens toujours malades et qui survivent mieux que les bien portants. Il a mal partout, il veut qu'on s'apitoie sur son sort, refuse de laisser les autres s'épancher sur leurs petites misères. Votre mal est insignifiant à côté du sien. Même votre cancer est de la petite bière à côté de ses rhumatismes, votre péricardite est loin de valoir son embolie pulmonaire. Il nous enterrera tous et se plaindra, une fois ses amis morts, de n'avoir plus personne à qui confier ses petites douleurs.

CHAPITRE 6

Éros et Agapé à l'ombre de Thanatos

> « Que vous le croyiez ou non, mademoiselle Lola a toujours eu un faible pour les messieurs d'un certain âge. Et pas seulement à cause de ça… »
> Elle frotta l'un contre l'autre son pouce et son index.
> « … mais parce qu'elle a bon cœur. C'est que les messieurs âgés, plus que les autres ont besoin d'être traités avec douceur. »
>
> Heinrich MANN[1]

Il est étrange de revoir aujourd'hui le film culte de Mike Nichols, *Le Lauréat*, sorti en 1967. À 20 ans, on sympathise sans hésiter avec le futur gendre, Dustin Hoffman, un très jeune homme en détresse, déchiré entre sa belle-mère qui le met dans son lit et sa promise qu'il trompe avant même de l'avoir épousée. Plus tard, on se prend d'intérêt pour le personnage de la mère (Anne Bancroft, 36 ans à l'époque du tournage)

---

1. *Professeur Unrat*, Grasset, Cahiers Rouges, 2008, pp. 101-102.

qui couche avec son futur gendre et se moque de détruire sa famille. Elle a le mauvais rôle, elle est deux fois coupable, et de tromper son mari et de désirer hors de sa classe d'âge, en accaparant le fiancé de sa fille (ce qui fait planer l'ombre de l'inceste et de la rivalité). C'est la richesse de ce long-métrage, tout en nuances, que d'être envisageable sous l'angle de chaque personnage : il défend à la fois la difficulté de grandir, les droits de l'amour juvénile et les droits du désir mûr par rapport au désir convenu. Et quand les jeunes gens s'enfuient en bus à la fin, leurs visages souriants se figent soudain : la vraie vie matrimoniale se profile, riche de joies mais aussi de fardeaux menaçants. Tout aussi audacieux et troublant est le film *Harold et Maude*, sorti en 1971, histoire d'un post-adolescent californien désœuvré, fasciné par le suicide, à qui sa mère présente, pour le distraire, de nombreuses prétendantes qu'il décourage en se coupant la main devant elles, ou en s'éventrant avec un faux couteau de boucherie. Il tombe amoureux de la pétillante Maude, délicieusement loufoque, une dame de 80 ans, ancienne concentrationnaire, passionnée par les enterrements et les vols de voiture et qui finira par s'empoisonner[1]. À quoi il faut ajouter

1. *Harold et Maude*, 1971, film américain réalisé par Hal Ashby sur un scénario de Colin Higgins et la musique de Cat Stevens. Le film a été interdit dans certains pays aux moins de 18 ans.

Un été 42 [1], récit bouleversant d'un adolescent de 15 ans qui passe ses vacances sur l'île de Nantucket, en pleine guerre mondiale. Anxieux de perdre sa virginité, à tout prix, il s'éprend d'une femme de 30 ans dont le mari, parti à la guerre, trouve la mort en Europe. Elle s'offrira à lui une seule nuit et disparaîtra à jamais. La suborneuse, l'octogénaire excentrique, l'initiatrice : ces trois films témoignent à leur façon d'une véritable intelligence de la complexité amoureuse. En plein dogmatisme de la révolution sexuelle, ils ont su explorer les méandres du désir entre jeunes garçons et femmes mûres.

Les goûteurs de crépuscule

Si les couples au long cours restent majoritaires et connaissent, au prix de nombreuses crises, un compagnonnage ininterrompu, le remariage des veufs ou des veuves se fait sous le signe d'une valeur qui est la grande conquête de l'âge : l'indulgence. C'est une cohabitation, tempérée ou passionnée, marquée par la tolérance aux imperfections de l'un et de l'autre. Les attentes physiques sont moindres car les attentes spirituelles sont plus grandes. On privilégie la complicité et la tendresse sur la vanité.

En d'autres termes, une des solutions aux injustices du désir, outre de renforcer le pouvoir

---

1. De Robert Mulligan sur un scénario de Herman Raucher et la très belle musique de Michel Legrand, 1971.

économique et politique des femmes, c'est de changer le regard de l'opinion sur les marques du temps. Ce n'est pas forcément dans une certaine littérature, un peu plaintive, mais sur le Net, les sites réservés, que se déploie une nouvelle sexualité féminine avec une impudeur tranquille, dans l'anonymat des tuyaux et des réseaux. Puisque tout y est permis et qu'on s'avance sous le masque d'un pseudo, les envies les moins recommandables peuvent s'exprimer sans honte avec des partenaires de tout âge, affamés de sensations. On y cherche l'âme sœur autant que des contacts éphémères. Les réseaux sociaux accélèrent les mentalités sur ce plan : des femmes et des hommes s'offrent sans embarras dans une sorte de libertinage ultime. Ils savent se rendre attractifs malgré les chairs fatiguées, convertir l'indésirable en appétissant [1].

Il y aura toujours dans une population donnée un pourcentage d'hommes et de femmes

1. Il existe même au Japon des acteurs porno seniors tel Shigeo Tokuda, 85 ans ; ancien guide touristique qui débuta à 60 ans une carrière d'acteur de films X. De petite taille, chauve, sans attrait particulier, il ressemble à tous les retraités nippons, touchant un public qui partage sa condition, et a tourné dans plus de 350 vidéos. Le grand-père hardeur qui se nourrit de légumes et d'œufs a lancé le genre des *old men porns* en Asie. L'industrie du X qui a popularisé les MILF (*Moms I'd like to fuck*), ces mères de famille déjà présentes dans la série *Desperate Housewives*, montre aussi des *sexy grannies*, des mamies lubriques dans des scénarios croquignolets. C'est une niche marketing étroite tout entière placée sous le signe de « l'ange du bizarre » (Edgar Allan Poe).

attirés par les êtres âgés. Appelons ce penchant *la noblesse équivoque des ruines : le souvenir de la splendeur passée plus la douceur du déclin.* L'éternel y a le charme du précaire, celui des peaux friables, des lacérations élégantes, des formes sculptées par le temps. La répulsion, au regard des critères esthétiques, peut s'inverser en appétit (toute l'œuvre de Sade en témoigne, qui traduit la métamorphose du dégoût en goût voire même en délice). Il existe dans toute société donnée *des goûteurs de crépuscule* qui aiment la compagnie des personnes mûres pour se rassurer, se comparer, se consoler, élargir leur esprit, s'enivrer de leur expertise, goûter aux charmes d'une conversation érudite ou brillante [1]. Il y a de la beauté dans les effondrements et il est possible que l'âge ne détruise pas un visage mais le consacre. Toutes les parties du corps ne vieillissent pas sur le même mode : il est des sourires juvéniles sur des figures fatiguées, des regards immémoriaux sur des faces enfantines. Certains poupons semblent des vieillards à tétine, certains vieillards montrent une candeur de bambin.

Il faut multiplier les amoureuses au blanc diadème.

---

1. Voir le film canadien de Bruce LaBruce *Gerontophilia* (2014), récit d'un jeune garçon de 18 ans, Lake, en couple avec une fille et qui tombe amoureux d'un patient de la maison de retraite où il travaille. Mr. Peabody, octogénaire malade, l'entraîne dans une relation passionnelle et complice.

La tragédie du dernier amour

Que cherche-t-on dans les unions dépareillées ? À se délester de son âge sur un autre qui vous renvoie en retour sa fraîcheur, à échanger l'expérience contre l'immaturité. « Il était dans ma nature et les circonstances de ma jeunesse de m'éprendre d'une femme assez auréolée de prestige pour qu'à ses pieds, je dépose la gerbe de mes ferveurs trop longtemps retenues et il y avait bien des chances pour que cette femme fût plus âgée que moi », écrit Maurice Goudeket, dernier mari de Colette qu'il rencontre en avril 1925 alors qu'elle a 52 ans et lui 36. Ils se marient en 1935 et elle meurt en 1954 (lui se remarie cinq ans plus tard avec Sanda Dancovici, dont il aura un enfant, et meurt en 1977). Songeons encore à la relation passionnelle d'« anges sexués » entre les écrivains Philippe Sollers et Dominique Rolin, de vingt-trois ans son aînée. Complexe d'Œdipe mal liquidé, quête du père absent, d'une mère manquante, besoin d'une initiatrice ou d'un Pygmalion ? Peut-être. Et alors ? Faut-il brandir un passeport de pureté analytique pour être admis au banquet de l'amour ?

Il ne s'agit pas seulement de rajeunir ou de renouveler les objets du désir mais de comprendre que *le désir seul est facteur de rajeunissement du cœur et de l'âme,* qu'il ne cesse de nous remettre au monde. « Grand âge ? Vous mentiez : route de braises et non de cendres », écrivait Saint-John Perse. L'utopiste Charles Fourier (1772-1837) dans *Le Nouveau*

Monde industriel et sociétaire imagine la liaison d'Urgèle, 80 ans, « hyperfée » versée en horticulture, qui aime Valère, 20 ans, lequel s'unit à elle par pur lien de gratitude, d'amitié, d'ambition car elle l'a initié entre autres à l'art floral. « La jeunesse est intrépide en amour lorsqu'elle a les stimulants suffisants. » Il s'agit de vaincre les antipathies naturelles entre jouvenceaux et vieillards et de favoriser sympathie et harmonie là où les préjugés les excluent. Jeunes gens et jeunes filles rivalisent en « dévouement amoureux » auprès des aînés qui se délectent de recueillir leurs confidences et de caresser leurs appas.

Connaître de fortes émotions, au sens le plus large du terme, la chance, le plaisir, les bonnes fortunes, jouir de toutes les bontés du monde n'est pas réservé qu'aux moins de 50 ans. Même quand la barque est chargée, il reste beaucoup à faire avant le baisser de rideau. Et notamment ceci : *la redécouverte du machinal comme miracle.* Ce que jeunesse accomplit automatiquement, toute à la dilapidation de ses forces inépuisables, maturité l'accomplit plus difficilement [1]. Félicitons-nous en tout cas que la

1. Dans son livre *Sex & Sixty* (Robert Laffont/Versilio, 2015), ouvrage d'enquête sur l'érotisme des seniors, Marie de Hennezel raconte le cas de cette pensionnaire d'Ehpad de près de 99 ans à qui le personnel offre un sex toy pour lui éviter de se blesser lorsqu'elle se masturbe, à la grande indignation de son neveu (p. 196). L'auteur insiste sur la difficulté pour les soignants et la famille à comprendre le besoin de proximité charnelle et d'intimité des résidents, pp. 192-194.

hantise de la virilité défaillante chez les hommes, de l'anaphrodisie chez les femmes soit atténuée par la médecine qui combat la dysfonction érectile des uns, la mort des ardeurs des autres. À la complainte sur la solitude amoureuse des dames répond l'apocalypse organique des messieurs narrant avec désolation la débâcle de leur libido [1], leurs mésaventures prostatiques. Pas de solution miraculeuse, bien sûr, mais ce constat irréfutable : avec le temps, tout ce qui était routinier, dans le domaine érotique, devient plus rare donc plus précieux. « L'amour n'a aucune importance, disait Alfred Jarry, puisqu'on peut le faire indéfiniment. » Cela n'est plus vrai après un certain âge, chaque étreinte redevient un prodige. La raison nous commande de nous retirer du monde, les convoitises de nous étourdir une fois encore des derniers feux du plaisir et de la tendresse.

Mais ce cœur parfois rajeuni est aussi et souvent un cœur meurtri. Connaître de grandes joies jusqu'au terme, c'est accroître le risque de grandes souffrances. D'où la tragédie du dernier amour quand l'être adoré se ferme à vous comme

1. Romain Gary, *Au-delà de cette limite, votre ticket n'est plus valable*, Gallimard, 1975. Recevant les confidences d'un homme d'affaires américain persuadé que son sexe rétrécit et ne remplit plus la cavité vaginale de ses partenaires, le narrateur, un industriel de 59 ans, est gagné à son tour par la peur de l'impuissance qui l'incite à détruire la relation qu'il entretient avec une jeune Brésilienne, Laura. L'ahurissante crudité de ce texte est aussi un bel exemple de mimétisme nocif.

une porte qui claque et met un terme à vos espérances : il n'y aura personne d'autre, il n'y aura plus d'après. Follement épris de Jeanne Loviton, dite Jean Voilier, éditrice qui tourna la tête de maintes célébrités entre les deux guerres, Paul Valéry (1871-1945) lui écrira après qu'elle l'eut quitté : « J'ai cru que vous étiez entre moi et la mort ; je réalise que j'étais entre vous et la vie. » Le dernier amour a ceci de terrible qu'il nous prive même des chagrins du premier. À 20 ans, un abandon, une trahison vous laissent dévasté, au bord du suicide. Le dernier amour regrette jusqu'à cette dévastation, les larmes irrépressibles, l'anéantissement absolu. C'est un éboulement silencieux. Et le vieil amant, la vieille maîtresse plaqués ne sont même pas touchants aux yeux des autres, juste grotesques, désaccordés comme on le dit d'un piano qui sonne faux. Ils n'ont que ce qu'ils méritent ! A-t-on idée de s'acoquiner avec plus jeune que soi et de nourrir des espérances ? Non, mais ils se sont vus ?

On ne souffrira plus, on n'attendra plus l'autre, son appel ou son retour, le cœur battant, on n'endurera plus son mépris, ses mots blessants, sa cruauté qui vous étaient encore suaves d'être infligés par lui. On allait jusqu'à chérir sa méchanceté, ses tromperies, on s'abaissait dans l'abjection pour le simple plaisir d'être encore relié à lui. L'être que vous adoriez le plus au monde vous a signifié votre disgrâce et s'en est allé voir ailleurs. Il était tout à vos yeux, vous n'étiez pour lui qu'une étape, un pis-aller. Il faisait du tourisme sentimental, une excursion dans le pays des gâteux, vous jouiez votre tête. Il vous a prêté sa jeunesse, il la reprend. Les griffures du temps redeviennent ce qu'elles avaient cessé d'être dans le bref instant de la cristallisation : des marques de bannissement. Si chaque être rencontré est un monde possible qui se déploie, le dernier amour signe la fin de tous les mondes possibles. Celui ou celle qui est parti prend le visage de l'irrémédiable. Vous pensiez naïvement jouer un tour au destin, bénéficier d'un surcroît de frissons. L'âge vous a rattrapé, vous n'échapperez pas au sort commun. Vous ne connaîtrez plus ces alternances vertigineuses entre l'extrême luxure et l'extrême pudeur. Adieu à tout ce qui faisait le prix de la vie, adieu à l'attente, au sourire, aux sanglots, aux spasmes, à l'incandescence et même au désespoir. La braise est devenue cendre.

Le chaste, le tendre et le voluptueux

La crise du mariage d'amour naît, on le sait, de l'allongement de la vie, autant que de l'inconstance du cœur humain. Se jurer fidélité à 20 ans au XVIIe ou au XVIIIe siècle n'avait pas le même sens quand la mort vous frappait entre 25 et 30 ans, alors que prononcer le même serment en 2019 signifie peut-être soixante années de vie commune devant soi. Outre la question, toujours sensible, des écarts conjugaux se profile alors l'espérance du remariage facilité par la loi ; le divorce est devenu dans les pays démocratiques une simple et toujours coûteuse formalité (il est désormais possible de divorcer en ligne). Après 55 ou 60 ans, les enfants sont en principe élevés, la retraite se précise et les conjoints voient se déployer devant eux de nouveaux horizons. Repartir dans une nouvelle idylle fait alors vaciller la raison de plus d'un. On se sépare autant à 60 ans qu'à 30 et ce sont les femmes qui s'en vont en majorité.

Qu'importe ce que l'on vit alors, étreintes sulfureuses ou pudiques caresses, l'important n'est plus dans la performance mais dans la connivence ardente, l'abandon consenti. Il faut sur ces sujets laisser la pudeur et la discrétion aux intéressés eux-mêmes. Mythe ou réalité, certaines données statistiques prétendent que les grandes amoureuses vivent plus longtemps. Saluons cette bonne nouvelle même si, sur ce plan, la prudence est recommandée[1]. « J'ai 74 ans, disait Jane Fonda au début du siècle, et je n'ai jamais connu une vie sexuelle aussi épanouie. » Réjouissons-nous pour elle et croyons-la sur parole. Seule certitude : l'amour, à tout âge, nous réveille, nous justifie d'être. Je deviens créateur de l'autre en le chérissant comme il me recrée à son tour. « Dire je t'aime à quelqu'un, c'est lui dire : Tu ne mourras point. » Admirable sentence de Gabriel

1. Les études se contredisent selon que l'on envisage la sexualité comme activité coïtale avec pénétration ou comme échange de caresses ou de baisers. Dans un cas le contentement est aléatoire, dans l'autre, plus satisfaisant. (Cf. Marie de Hennezel, *op. cit.*, pp. 170-171.)

Marcel. Aimer, c'est aussi se réjouir que l'autre existe et se réjouir d'être encore vivant pour le lui dire chaque jour. On n'est jamais trop de deux pour goûter la douceur de vivre, sauver la succession des jours de la gratuité, transfigurer le bégaiement perpétuel du quotidien. Qu'as-tu fait aujourd'hui ? Quasi rien mais ce peu de chose n'est pas le même si je peux le détailler avec toi, ou si je dois le ruminer à voix basse dans la solitude. À tout instant nous avons besoin d'une oreille bienveillante pour y murmurer notre inquiétude, notre misère, à tout instant nous sommes requis d'écouter l'autre pour le consoler, le conseiller.

Les prédilections partagées, l'attention aux petites occurrences, tiennent mieux deux personnes que les déclarations tonitruantes. Jamais la fragilité des choses humaines n'est aussi perceptible et émouvante que dans ces instants-là. Un couple uni est une conversation ininterrompue, un appétit commun de lectures, de voyages, de rencontres inépuisables. À chacun de préserver son *sanctuaire*, ce qu'il a de plus cher, de plus doux, famille, enfants, amis, amours sans lesquels il dépérirait. L'essentiel étant de rester en état de fièvre permanente, même ponctuée de doute ou de mélancolie. Tant que les yeux peuvent convoiter, les mains caresser, les lèvres embrasser, un cœur tout neuf bat dans notre poitrine, fût-ce à 80 ans, et nous infuse d'élan vital.

On peut, dans sa jeunesse, choisir l'ascétisme plutôt que les plaisirs et se construire contre sa propre concupiscence. Vient un moment où c'est l'absence de flamme qui prédomine, où la peur n'est plus de trop désirer mais de ne plus désirer du tout. L'ankylose du corps anticipe l'ankylose du cœur. La recherche, propre au stoïcisme, d'une âme imperturbable, étanche aux émotions, la volonté de devenir un être qui « n'espère ni ne craint[1] » (Sénèque) et se suffit de ce qu'il a constitue, hélas, non le summum de la maîtrise de soi mais la simple, la plate, la sinistre description de la fin de vie. Les Anciens, l'âge classique au XVIIe siècle redoutaient le ravage des passions qui entraînent les êtres dans le désordre et l'indignité, nous craignons plus que tout la banqueroute des sens, la désaffection des appétences.

C'est le problème du contrôle de soi : il finit avec le temps par tellement bien réussir qu'il n'y a plus rien à contrôler et tout à réveiller. Le désir était décrit jadis comme un torrent qui emporte les convenances sur son passage et contre lequel il faut élever digues et barrages. Il se réduit vite, hélas, à un ruisselet, aussi volatil qu'inconstant. Qui ne serait prêt à tout pour connaître à nouveau la merveille d'une inclination naissante, même un amour en viager ? A vécu celui ou celle qui a croisé l'éternité dans le temps, à travers l'amour et l'amitié et a éprouvé le sentiment d'exister au plus proche de l'Être. La vraie tragédie est de cesser un jour d'aimer et de convoiter, de tarir la double source qui

1. Sénèque, *Les Bienfaits*, Gallimard, Tel, 1996, p. 212.

nous rattache au monde et aux autres. Le contraire de la sexualité n'est pas l'abstinence, c'est la fatigue de vivre. Comme le disait le grand saint Augustin : « Donnez-moi la chasteté mais pas tout de suite. » La vie dit oui à la vie, l'être vaut mieux que le néant, le désir est préférable à l'apathie. Dès qu'Éros et Agapé se taisent, Thanatos a déjà gagné.

L'ADIEU DES VIEUX CONJOINTS

Ils passent près de nous, souvent inaperçus, le plus vaillant soutient le plus valide comme l'aveugle le paralytique, chaque pas leur coûte, ils s'excusent d'exister, se font tout petits, s'obstinent. Ils paraissent si fragiles, brinquebalants qu'on redoute leur désagrégation à tout instant. Ils voient mal, entendent à peine, tremblent un peu. Ils patientent dans les gares, les salles d'attente des médecins, les administrations, inquiets, guettant leur montre, les pendules, toujours en alerte, perdus dans un monde qui les ignore, les bouscule. La moindre contrariété ou complication technique les affole. Faire leurs courses, acheter le pain et le lait, porter le sac à provisions, taper un code sur un boîtier, tirer de l'argent au distributeur leur est un supplice. Chaque sortie, déambulation comporte un risque. Des petites frappes tentent de les dévaliser, leur arrachent leurs effets et les paniquent en élevant la voix. Un simple trajet en autobus ou dans le métro est une épreuve. Une embardée, un faux pas et ils se fracassent. La montée ou la descente d'un escalier constitue un calvaire, ils doivent s'arrêter à chaque marche pour reprendre leur souffle. Miséricorde pour les plus vulnérables !

Que vont-ils devenir si l'un d'eux disparaît ? Ce sont deux faiblesses qui s'épaulent mais ne composent qu'une autre faiblesse à la racine carrée. Elle est en lui comme il est en elle. Entremêlés l'un à l'autre ainsi que les racines d'un arbre, ils forment une seule et même personne dotée de deux visages et de deux patronymes. Alors la douleur de l'un devient la douleur de l'autre. « C'est moi qui souffre quand les jambes de ma femme ont mal », disait magnifiquement le philosophe espagnol Miguel de Unamuno. Il arrive aussi qu'une maladie grave, frappant l'un, décide l'autre à le suivre et qu'ils se résolvent à mourir ensemble. Ce fut le cas en septembre 2007 de l'écrivain André Gorz et de son épouse, atteinte d'une affection incurable : « Tu viens juste d'avoir 82 ans, écrit-il dans un livre qui lui est dédié, tu as rapetissé de 6 centimètres, tu ne pèses que 45 kilos et tu es toujours belle, gracieuse, désirable. Cela fait cinquante-huit ans que nous vivons ensemble et je t'aime plus que jamais[1]. » Pour ceux-là, il est inconcevable de rester sur terre après la

1. André Gorz, *Lettre à D.*, Galilée, 2006.

disparition de l'être aimé. Avant eux, d'autres couples, tel en 1998 celui de l'ancien sénateur socialiste Roger Quilliot et son épouse, avaient décidé de s'éclipser au même moment, retrouvant gaieté et sérénité avant le baisser de rideau. (Pour son malheur, Claire Quilliot survivra à l'absorption des comprimés. Elle finira par réussir son suicide, en 2005, à 79 ans, en se jetant dans un lac du Puy-de-Dôme, après avoir ingurgité des médicaments à l'instar de son auteur fétiche, Virginia Woolf, qu'elle admirait.) Pourquoi laisser l'affreuse nature vous dicter votre conduite et vous priver de l'unique personne qui compte alors qu'on peut faire le voyage à deux ? On ne se tue pas pour conjurer l'angoisse de la mort mais de cette mort dans la vie qu'est la solitude sans l'être essentiel. Il y a un romantisme de la jeunesse mais il y a parfois un sublime des vieux conjoints. Le suicide, dit John Donne, est porteur de sa propre absolution puisque, au contraire du péché, on ne peut le commettre qu'une fois.

QUATRIÈME PARTIE

S'accomplir ou s'oublier ?

CHAPITRE 7

Jamais plus, trop tard, encore !

« Lors d'une récente traversée de l'Ohio rural, j'ai vu des panneaux placés par un marchand de biens du pays. Au lieu de l'habituel "Vendu", ils indiquaient "Désolé, trop tard". C'est exactement cela. S'il est des pierres tombales pour l'espoir, telle est leur épitaphe. »

George STEINER[1]

« La chance d'avoir du talent ne suffit pas, il faut encore le talent d'avoir de la chance. »

Hector BERLIOZ

Le photographe Brassaï raconte que Marcel Proust, jeune, s'était épris d'un éphèbe genevois, Edgar Aubert, sans oser lui déclarer sa flamme[2]. Au dos de la photographie que ce dernier donna à Proust était inscrite la dédicace suivante en anglais,

---

1. *Errata*, traduit par Pierre-Emmanuel Dauzat, Folio Gallimard, 1998, p. 254.

2. *Marcel Proust sous l'emprise de la photographie*, Gallimard, 1997, p. 38.

extraite d'un sonnet du peintre préraphaélite Dante Gabriel Rossetti : « *Look at my face ; my name is might have been, I am also called* No More, Too late, Farewell » (Regarde mon visage, mon nom est : ce qui aurait pu arriver, on m'appelle aussi Jamais plus, Trop tard, Adieu).

Les occasions perdues

Un geste rétracté, une parole tue, une main non tendue et nous ratons un être, une histoire qui auraient pu nous ravager. Nous les imaginons d'autant plus étourdissants qu'ils n'ont pas eu lieu. Nous n'avons pas saisi la chance, nous aurions dû improviser, là sur-le-champ, faire preuve d'initiative. Autant de moments où par peur, saisissement, timidité, notre sort ne bascule pas. Nous avons manqué d'à-propos. Et si d'autres franchissent le pas, à notre place, se montrent audacieux, nous nous en voulons. Comment se pardonner d'avoir été pusillanime ? La prochaine fois, c'est sûr, nous serons à la hauteur, nous foudroierons la personne convoitée par une proposition stupéfiante.

Nous accordons souvent à ces aubaines ratées un crédit démesuré. Nous sommes comme Baudelaire face à cette passante qui marche devant lui, « Agile et noble avec sa jambe de statue » : « Ô toi que j'eusse aimée, ô toi qui le savais [1] ! » On peut douter

1. Charles Baudelaire, « À une passante », *Les Fleurs du mal*, 1861, poème 93.

de ce mode désidératif : on s'enflamme d'autant plus pour un ou une inconnue qu'avec eux nous sera épargnée l'épreuve la plus redoutable : le quotidien comme pouvoir d'indétermination. L'être qui nous envoûte serait peut-être devenu avec le temps une harpie ou un crampon. Cette personne effleurée, comment savoir si elle n'aurait pas constitué une illusion de plus ? L'événement n'est déchirant que de rester inabouti[1]. Nos regrets, surtout tard dans la vie, marchent dans notre mémoire comme autant d'événements fantômes, pareils à ces amputés qui sentent leurs bras ou leurs jambes manquants. Leur moteur est le conditionnel passé : j'aurais dû ! Il ne reste qu'à s'apitoyer sur cet acte raté. Ce qui aurait pu se passer devient plus important que ce qui a lieu, le virtuel ronge le réel et le dévalue. L'espérance que le hasard, ce dieu intermittent, nous pourvoie ex abrupto d'un grand destin est typique du nostalgique des occasions perdues. Le linceul de ses désirs évanouis le tracasse plus que ses ambitions réalisées. Il a manqué du talent de l'impromptu. Une seule question le taraude : comment transformer l'accident en bénédiction, l'aléatoire en enchantement ?

Trop tard, trop tôt. Il est des vies qui restent vouées tout entières à l'irréalisé ; ce qui aurait pu être et ne sera jamais. Certains se contentent toute leur existence de vivre au conditionnel passé ou au

---

1. Vladimir Jankélévitch, *L'irréversible et la nostalgie*, p. 150.

futur antérieur et chacun pourrait écrire l'histoire de ses destins évités qui l'accompagnent comme autant de spectres, convoqués dans les heures de cafard. On se livre alors au catalogue navré de ses projets avortés. Si tu avais réussi l'agrégation, si j'avais poursuivi mes études, si je m'étais expatrié en Orient, si j'avais épousé untel ou unetelle ! Je méritais mieux, je n'ai pas le sort qui me revient ! Il est ainsi des êtres, hommes ou femmes, qui souhaitent vivre une quantité d'autres vies possibles à défaut d'en vivre au moins une, la leur. Tout leur paraît préférable au fade brouet de leur condition. Ils sont nés à la mauvaise période, ils se sont trompés de siècle, de partenaire, d'école, d'amis. Ils s'éprennent brièvement de tous les personnages rencontrés ou croisés, comme autant de béquilles existentielles, les envient pour ne pas considérer leur propre état.

On pourrait à cet égard établir une typologie de la ponctualité dans la vie ordinaire comme dans l'histoire : le paranoïaque arrive en avance, avec un rien de défi, pour vérifier qu'il est bien attendu et, si possible, prendre l'autre en défaut, fût-ce d'une minute. Rien de pire à cet égard qu'un réveil qui sonne avant l'heure et vous torture de ses stridences alors que vous tentez de grappiller quelques minutes supplémentaires, qu'un importun qui se faufile dix minutes avant votre rencontre prévue et se présente, tout fier de sa fâcheuse exactitude. Le narcissique est en retard par principe, il aime se faire désirer au risque d'exaspérer son entourage, il diffère ses engagements, veut éprouver l'attachement qu'on lui voue, surtout dans cette situation cruciale où chaque minute compte, le rendez-vous amoureux. Il tergiverse dans une indécision capricieuse. Il a élevé la procrastination au rang d'une éthique. Ce sont là deux façons de résister au despotisme de l'horloge, par l'extrême minutie ou la désinvolture. Seul le névrosé ordinaire a le culte de la rigueur et arrive à l'heure, bêtement à l'heure, étonné qu'on s'en étonne, n'ayant même pas besoin de jeter un coup d'œil à sa montre.

La ponctualité est une invention récente en Europe puisqu'elle apparaît au XVIe siècle à Genève, patrie du calvinisme, parallèlement au perfectionnement des montres et des instruments de mesure du temps. Il y a aussi une anthropologie et une géographie de l'heure : il existe partout, surtout dans les pays du sud de notre continent, une élasticité des horaires qui admet un bon quart d'heure de délai. Être ponctuel est alors presque un manque de savoir-vivre ou un malentendu culturel. On dit que la gare d'Orsay, à la fin du XIXe siècle, différait le départ des trains de quelques minutes pour laisser une chance aux retardataires. Jolie délicatesse. Si la jeunesse est volontiers fâchée avec les horaires, elle a tout le temps devant elle, on voit des retraités qui continuent à se lever aux aurores comme pour se rendre au bureau et errent ensuite, désœuvrés, en quête d'une occupation, attendant avec impatience l'heure des repas qui leur donnera une raison d'être. Le joug du labeur continue à les soumettre mais sans le contenu qui en était la cause. Vivre sous la tyrannie des cadrans, comme le Lapin blanc dans *Alice au pays des merveilles*, qui consulte en permanence sa montre à gousset au lieu de regarder la nature et les autres, c'est se condamner à être « en retard, toujours en retard » puisque la trotteuse ne cesse de tourner et qu'on s'essouffle à la rattraper. L'heure exacte n'est jamais l'heure exacte, elle nous file entre les doigts à chaque seconde.

Qu'en est-il alors de la ponctualité historique ? Faut-il être aux avant-gardes de son époque, coïncider avec elle, ou délibérément à sa remorque ? Ou cumuler les trois positions ? Il n'est pas mauvais parfois d'être en retard sur son siècle, sa génération : être le cadet dans une famille nombreuse, l'ex-chancelier Helmut Kohl parlait de « la grâce d'une naissance tardive [1] », passer ses examens derrière tout le monde, se marier, avoir des enfants bien au-delà de l'âge officiel, bref tout vivre après les autres et revendiquer le beau titre d'anachronique. Cela vous octroie une longue plage d'années neuves, un bel avenir déjà vécu par la plupart mais que vous emmènerez ailleurs du seul fait d'arriver en dernier. Il faut parfois rater le rendez-vous avec l'histoire pour être en avance sur elle. C'est *le privilège du survivant* : ainsi du philosophe français Alain Badiou, dernier-né de la génération structuraliste et parvenu

1. Helmut Kohl se vantait d'avoir ainsi échappé à l'endoctrinement nazi. En réalité, soulignaient ses adversaires, il était né en 1933, avait passé toute son enfance dans les institutions hitlériennes et son innocence était rien moins qu'assurée, en ce domaine.

à 70 ans seulement à une certaine notoriété, longtemps après la mort des grandes figures de cette époque, les Barthes, Foucault, Deleuze, Lyotard, Derrida, Bourdieu. Il peut ainsi les récapituler, les juger, leur délivrer l'extrême-onction. Le vif saisit les morts et paraît leur synthèse quand il n'est qu'une bouture lointaine.

Chaque vie s'élève sur le rejet ou l'exclusion d'autres projets. Ou plutôt elle prospère sur un crime : celui des virtualités qu'elle a tuées et qui n'ont pu s'épanouir. L'événement est fatal et biffe ceux qui auraient pu se substituer à lui. La tentation est grande alors, sur le tard, de vouloir rattraper ces possibles abandonnés pour leur redonner souffle et essor. L'on a beau savoir qu'il est de nouveaux départs potentiels, que les jeux ne sont jamais faits, reste que ce qui a eu lieu obère ce qui aurait pu se produire. On demeure, quoiqu'on en veuille, prisonnier de ses actes. Et pour ceux que ne touche pas la grâce d'une seconde, d'une troisième ou quatrième chance, débute alors le temps de la disette des possibles. Les mains cessent de se tendre, les jours restent pauvres en péripéties, le chemin ne dévie plus : il reste tout tracé, désespérément plat. C'est ainsi que s'évanouissent certaines figures publiques dont on n'entend soudainement plus parler et dont le nom ne résonne que le jour de leur décès alors que tout le monde les avait déjà oubliés. La durée est réductrice d'incertitudes même si à certains moments privilégiés, il semble y avoir en nous plus de richesses que nous ne pourrons jamais en connaître. Alors le rêve nous taraude, jusqu'au bout, d'échapper à ce moi qui pèse, à ce passé lourd comme un boulet et de quêter l'épisode salvateur dont « chacun est en droit d'attendre la révélation du sens de sa vie » (André Breton).

LA FAMILLE DE NOS DÉFUNTS

À partir de la cinquantaine, on s'étonne d'être toujours gaillard, alors que tant d'autres ont déjà tiré leur révérence. Les enterrements deviennent aussi fréquents que les mariages ou les baptêmes. L'on vit avec ses contemporains autant qu'avec ses morts que l'on convoque à volonté comme l'on sera convoqué un jour. L'on parcourt les rubriques nécrologiques avec un sentiment mitigé, cherchant parfois si un esprit facétieux n'a pas mis notre nom par mégarde. Encore un : il était quand même jeune pour mourir. A-t-il souffert ? Quels furent ses derniers mots ? Qu'a-t-il décidé pour ses funérailles ? Religieuses ou civiles ? Quel morceau de musique a-t-il choisi, sera-t-il incinéré ou inhumé ? Indice de la disparition des rituels collectifs, chacun désormais réinvente son enterrement à sa guise.

Admirable phrase de Zola sur Gustave Flaubert, frappé d'apoplexie en 1880 : « Belle mort, coup de massue enviable et qui m'a fait souhaiter pour moi et pour tous ceux que j'aime cet anéantissement d'insecte écrasé sous un doigt géant. » On peut tout envier aux autres, même leur décès. Dans leur malheur, ils ont eu de la chance. À cet égard, les repas de funérailles sont une tradition revigorante : les vivants se comptent et ripaillent pour chasser la Camarde, ils la repoussent à coups de fourchette et de verres entrechoqués. L'armée des décédés nous permet de tenir debout dans la mitraille, encore vaillant malgré ceux qui tombent. L'orgueil discret d'être toujours sur le pont est compensé par la terreur d'être le prochain sur la liste. Une mission nous est assignée, nous faire le témoin et le porte-parole de ces disparus que nous représentons sur terre. Ils vivent dans nos cœurs, dans nos mots, dans notre souvenir. Nous les ressuscitons en parlant d'eux, ils sont nos morts, la famille de nos défunts. La ronde des ombres qui nous habitent et ne nous quittent pas jusqu'au dernier souffle.

À mesure que l'échéance approche, une autre obligation s'impose : ne pas rater sa sortie et ne pas laisser, autant que possible, la décision aux autorités morales ou médicales. La survie biologique n'est pas la valeur ultime : liberté et dignité lui sont supérieures. Quand sont perdus l'autonomie et la capacité de partager le monde avec les autres, quand manger, respirer, dormir sont devenus des quasi-supplices, il est temps de s'éclipser, de tirer sa révérence. Avec élégance si possible. Comme le fit le grand écrivain belge Hugo Claus le 19 mars 2008. Atteint de la maladie d'Alzheimer, souffrant de troubles moteurs et refusant la déchéance consécutive, il s'est rendu, vêtu de son meilleur costume, à l'hôpital de Middelheim à Anvers en compagnie de sa femme et d'une amie éditrice. Après avoir sablé le champagne et fumé une cigarette, il s'est allongé et, dans une ambiance sereine, a subi une anesthésie et une injection létale. Ce que la loi autorise en Belgique si le patient a formulé une demande « volontaire et réfléchie ». Un congé de grand seigneur.

La ronde des regrets

Trop tard : toutes ces choses merveilleuses que nous n'avons pas su voir, goûter, chanter, cueillir, ces êtres admirables qui nous faisaient les yeux doux et nous ont tourné le dos, froissés par notre indifférence. Cette femme que nous n'avons pas su aimer, que nous avons délaissée pour des chimères et fait souffrir inutilement, cet ami si cher que nous avons négligé et qui est parti trop tôt, cet amour maternel débordant qui nous importunait et nous manque désormais. Il n'est plus temps ! On a mangé son pain blanc. Les remords nous rongent. Si c'était à refaire, si seulement j'avais vingt ans de moins ! dit le mélancolique. Il est probable, hélas, qu'il reproduirait les mêmes erreurs avec la même certitude d'avoir raison. On connaît de ces récits, de ces films où les personnages remontent dans le passé pour éviter une catastrophe, modifier une généalogie, empêcher un inceste fatal. (Tel *Retour vers le futur*[1] où une jeune fille d'une petite ville américaine tombe amoureuse de son fils propulsé par erreur dans les années 50 de l'après-guerre. Tout l'effort de ce dernier sera d'orienter l'intérêt de sa future mère vers son futur père.) Nous n'avons pas nous, simples mortels, cette possibilité offerte aux régimes de dictature de réécrire l'histoire, d'effacer les visages, de retoucher les photos.

C'est toujours après coup que nous sommes lucide, que nous comprenons les signes annonciateurs : si j'avais su ! L'intelligence vient après l'erreur et comme le disait Hegel : « La chouette de Minerve (emblème de la Sagesse) ne prend son envol qu'au crépuscule. » Si nous n'avons pas sauté le pas, c'est probablement que nous ne le voulions pas. Le regret est aussi stérile qu'inévitable. Éternel alibi du défaitisme : il est trop tard pour reprendre des cours, trop tard pour entreprendre un long voyage, trop tard pour retomber amoureux. J'ai fait mon temps, dit le frileux. À 20 ans comme à 80, il est toujours temps, l'audace consistant à ne pas succomber à la fatalité de l'irréversible. Mais *Trop tard* peut aussi être une chance folle, inespérée : l'avion que nous venons de rater à quelques minutes près s'est écrasé une heure après son décollage sans laisser de survivant. Est-ce de la chance ou une monstrueuse

1. *Retour vers le futur* de Robert Zemeckis, 1985, avec Michael J. Fox et Christopher Lloyd.

coïncidence ? Va-t-on rater systématiquement tous ses avions pour échapper à un accident éventuel ? Au risque, dira le paranoïaque, que le nouvel appareil que nous emprunterons soit précisément celui qui va sombrer dans un crash…

Même chose avec le *Trop tôt.* Il laisse, lui, les promesses intactes : elles continuent à briller dans l'avenir. La précocité ne tue pas les possibilités, le contretemps n'est pas rédhibitoire. Non, pas maintenant, pas tout de suite, dit l'amante au soupirant empressé, ce serait gâcher la merveilleuse indécision. Attends encore un peu. Je ne suis pas prête, laisse-moi rêver un instant. Toute précipitation serait un sacrilège. *Trop tôt* : c'est aussi la tragédie de l'hypocondriaque. Depuis ses 20 ans, il ou elle est persuadée de mourir : le moindre bouton est une tumeur qui enfle, une piqûre de moustique va dégénérer en empoisonnement, une crampe dans les jambes annonce une paralysie, une migraine signe un accident vasculaire. On rit de ces craintes puériles. Mais l'hypocondriaque a tort d'avoir raison trop tôt. Le mal qu'il diagnostique aujourd'hui le frappera un jour. Il est juste en avance sur l'horaire. Ce qui le terrorise lui arrivera peut-être beaucoup plus tard, quand il l'aura oublié. Et il reconnaîtra, épouvanté, la justesse de ses peurs juvéniles.

Tous les adverbes de temps racontent une tragédie ou un espoir particuliers : le *Jamais plus* est à cet égard un énoncé ambigu. Il peut signifier la violente douleur de l'irrémédiable, de l'amour à jamais perdu comme dans *Le Corbeau* d'Edgar Allan Poe (et son « *Nevermore*[1] ») ou comme dans le final de *La Force des choses* de Simone de Beauvoir :

> « Oui le moment est arrivé de dire Jamais plus ! Ce n'est pas moi qui me détache de mes anciens bonheurs, ce sont eux qui se détachent de moi ; les chemins de montagne se refusent à mes pieds. Jamais plus je ne m'écroulerai, grisée de fatigue, dans l'odeur du foin ; jamais plus je ne me glisserai solitaire sur la neige du matin. Jamais plus un homme[2]. »

Mais ce chagrin classique du passage du temps ne résume pas à lui seul la profondeur du *Jamais plus.* C'est un pacte mensonger que dénonce en lui l'écrivain Italo Svevo mais un pacte quasi sacré qu'il convient de violer uniquement pour en sauver la teneur. Tenir sa promesse, ce serait rendre la parole inutile, la vider de sa substance. Avec une sorte de jubilation de la faillite, il inverse ici les termes du pacte. Le héros, nous l'avons dit, jure depuis des années de fumer sa dernière cigarette : « J'essayais de donner un contenu philosophique à la maladie de la dernière cigarette. On prend une fière attitude et l'on proclame : "Jamais plus." Mais que devient cette fière attitude si on tient la promesse ? Pour la

1. Ce poème d'Edgar Allan Poe a notamment été traduit par Charles Baudelaire et Stéphane Mallarmé.

2. Simone de Beauvoir, *La Force des choses*, tome 2, Folio Gallimard, 1972.

garder, il faut avoir à renouveler le serment[1]. » Parce que la dernière cigarette a plus de saveur quand elle accompagne le sentiment de remporter une victoire sur soi-même et laisse espérer un « avenir prochain de force et de santé », le personnage va tapisser les murs de sa chambre de dates péremptoires pour cesser de fumer et ensevelir à jamais son vice. Le « Plus jamais ça » sur lequel s'est fondée l'Europe après 1945 n'a jamais empêché que des massacres se produisent sur notre sol (dont la guerre des Balkans) comme si le spectacle du crime commis sous nos yeux devait renouveler l'urgence de l'affirmation solennelle, auprès des générations montantes. Jefferson le disait cyniquement : « L'arbre de la liberté a besoin d'être revivifié régulièrement par le sang des patriotes et des tyrans. » La paix requiert la présence du conflit armé autour d'elle pour être renforcée : la civilisation ne grandit qu'au sein d'une barbarie toujours menaçante qui lui est aussi indispensable que l'oxygène.

Quant au *Enfin*, il est, lui aussi, lourd d'ambivalence, tel un reproche suspendu : enfin un scandale dévoilé des décennies après, enfin un génocide nommé comme tel, enfin le mal mis à nu, un long combat judiciaire couronné de succès. Enfin cet admirable romancier reconnu dans son talent, ce dissident célébré comme il se doit, ce poste tant convoité dans mon entreprise décroché. Mais cet *Enfin* est souvent un *Trop tard* : c'est l'amertume des récompenses tardives que de blesser deux fois

1. Italo Svevo, *op. cit.*, p. 27.

la personne qui en bénéficie. On l'a ignorée toute sa vie et quand on la fête à un âge canonique, elle n'en veut plus, ça ne lui fait aucun plaisir. Il fallait y penser avant ! Tel un soupirant, admis après des années de cour assidue et de rebuffades aux bras de son idole et qui tourne casaque : il n'est plus temps, il s'est trop langui. Ainsi de Frédéric Moreau, dans *L'Éducation sentimentale* de Gustave Flaubert, retrouvant Madame Arnoux dont il fut follement amoureux. Seize ans après, elle se précipite chez lui, à l'improviste. Elle semble sur le point de s'offrir, défait son chapeau quand la lampe éclaire soudain ses cheveux : ils sont devenus blancs. « Ce fut comme un heurt en pleine poitrine[1]. » Il n'ose plus la toucher, par répulsion, vague effroi de l'inceste. Le charme est rompu. Ils se séparent.

Nous sommes donc rarement contemporain de ce que nous vivons. La dissonance est notre lot de mortel. Il est des auteurs, des artistes, des cinéastes, des inventeurs qui ratent ainsi leur époque, quel que soit leur talent, qui échouent à s'installer sur le même fuseau horaire que leurs compatriotes. Le *Zeitgeist*, l'esprit du temps leur a échappé. Ils restent en porte-à-faux, éternellement. Leurs paroles, leurs productions résonnent dans le vide, ils ne sont pas dans le rythme. La pâte n'a pas levé, parmi leurs admirateurs, qui leur aurait permis d'inscrire leur travail dans la durée. Dix ans avant, dix ans après,

1. Gustave Flaubert, *L'Éducation sentimentale*, Folio Gallimard, p. 453 sqq.

ils auraient été acclamés. Ils ont raté le bon moment. L'histoire est cruelle envers ceux ou celles, en politique, en philosophie, dans les sciences, le monde de l'entreprise, qui ont démarré au mauvais moment, n'ont pas été reconnus, ont échoué dans leur carrière, ont perdu la guerre de la reconnaissance.

Le Kairos, dieu de l'opportunité

Les Grecs appelaient *Kairos* cet instant propice où il faut agir, entre le trop tôt et le trop tard, cet art de se glisser dans les interstices du temps. Ils représentaient le Kairos, le dieu de l'occasion, comme un jeune homme qui porte une touffe de cheveux sur la tête. Quand il passe près de nous, trois possibilités se présentent : soit on ne le voit pas, soit on le voit et on ne fait rien, soit on le saisit par les cheveux et on le maîtrise. Il faut savoir empoigner son temps par les cheveux, quitte à se fracasser dans un cul-de-sac temporel si on se trompe. Seul l'homme ou la femme d'action, aidé de son intuition, sait saisir l'instant et ne plus le lâcher, laissant tous ses rivaux derrière lui, penauds. Ils ont mal déchiffré l'événement, lui a discerné ce que tous voyaient sans le voir. Il a bondi sur l'occasion comme le tigre sur sa proie. La chance est toujours un choix, le pari d'attraper la main tendue par le hasard. De même, l'homme ou la femme spirituels ont le génie de la réplique, les autres souffrent de l'esprit d'escalier : le sens de la repartie après coup. L'art de la décision immédiate est le propre des grands politiques, grands généraux, chefs d'entreprise, chirurgiens capables d'inventer une réponse sur-le-champ, d'inverser une défaite, de trancher dans le chaos social, une tourmente économique, une blessure gravissime. Mais c'est aussi le talent du pianiste qui improvise, électrisé par le hasard, sorte de vif-argent capable d'intercepter quelques notes au vol et de transformer une phrase musicale en accords somptueux.

Il y a une différence entre celui qui profite d'une circonstance précise pour prendre, dans la hâte, une bonne décision et le simple opportuniste qui se laisse dériver au gré des situations, tel un fétu emporté dans le courant. Grande question de l'activiste inquiet : suis-je en train de rater quelque chose ? Ne devrais-je pas descendre sur-le-champ dans la rue, sortir toute la nuit, agripper la chance qui passe ? Même la mort relève de cette logique : il faut savoir s'éteindre au bon moment, ni trop tôt ni trop tard. Malheur à qui décède pendant un événement historique majeur ou en même temps qu'une autre célébrité, une star de la chanson, par exemple. Il sera éclipsé. Cocteau mort en même temps que son amie Édith Piaf, Jean d'Ormesson vingt-quatre heures avant la disparition de Johnny Hallyday qui eut droit à des funérailles nationales, l'actrice américaine Farrah Fawcett disparue le même jour que Michael Jackson et balayée dans la bourrasque de cet événement planétaire. Contrairement au lieu commun, la Faucheuse n'est pas égalisatrice, la Faucheuse est snob, tributaire du hasard et de l'opinion.

Parmi les adverbes temporels qui scandent notre vie, deux se détachent également : *Déjà* et *Encore*. *Déjà* signe, pour les aînés, une anomalie statistique, une précocité irritante : déjà à la faculté, déjà médecin, déjà diplômé à 20 ans, déjà marié, déjà père ? (Stupéfaction à l'hôpital d'être examiné par un ou une doctoresse qui ont l'âge de notre progéniture.) Déjà dotée d'une biographie longue comme le bras, d'une renommée mondiale quand on sort à peine de l'adolescence, qu'on est blogueuse, influenceuse, instagrammeuse, starlette ? La précocité est une pathologie au même titre que le gâtisme, un enfant ne doit pas jouer au singe savant, ni un jeune homme se déguiser en monsieur ou un vieillard arborer des hochets de vieux poupon, s'attifer en adolescent. Ne pas aller trop vite, d'un côté, au risque de brûler les étapes, ne pas rebrousser chemin et retomber dans les mômeries, de l'autre.

Encore marque un agacement, une anomalie chronologique : encore voyageur, encore actif, encore bon pied bon œil ? Encore noctambule, encore déconneur à 50 ans ? Si *déjà* fait état d'une aptitude rare chez les jeunes gens, *encore* marque une persistance embarrassante et veut surtout dire : toujours là, toujours sur la brèche ? Il signale aussi une discrète supplique : encore une fois, une toute dernière, dit le mourant, implorant qu'on le maintienne en vie. Encore un ultime voyage au bord de la mer, un ultime tête-à-tête avec un grand paysage, un chef-d'œuvre. Encore une dernière danse avant le baisser de rideau. Encore une vie à vivre !

Sur la page blanche de tes existences futures[1]

Dans le livre X de sa *République*, Platon nous raconte, au travers d'un mythe, comment un jeune homme appelé Er, retrouvé mort sur le champ de bataille, se réveille au moment de sa crémation et narre son séjour au royaume des trépassés. Dans ce monde immatériel, les âmes se voient proposer de renaître à la vie mortelle, par un tirage au sort, selon les mérites ou les fautes commises dans leurs vies antérieures. Il y a plus de vies disponibles, même animales, que d'âmes candidates[2], vies de tyrans, vies de riches ou de pauvres mais la plupart des âmes, égarées, font leur choix en fonction des bonheurs ou des revers de leur état précédent et certaines préfèrent même se réincarner dans la peau d'un cygne, d'un rossignol ou d'un aigle. « Les animaux, pareillement, passaient à la condition humaine ou à celles d'autres animaux, les injustes dans les espèces féroces, les justes dans les espèces apprivoisées ; il se faisait ainsi des mélanges de toutes sortes. » Puis les âmes, passant sous le trône

1. Le Livre des morts égyptien, cité par Jean Vermette, *La Réincarnation*, PUF, Que sais-je ?, 1995.

2. Platon, *La République*, X/617e-619a, Garnier Flammarion, pp. 382-384.

de la déesse Nécessité, boivent l'eau du fleuve Ameles (l'insouciance) dans la plaine du Léthé, perdent le souvenir de ce qui leur est arrivé et redescendent enfin sur terre.

De là que les Sages chez Platon pratiquent l'anamnèse, la réminiscence de l'idée contemplée jadis : nous n'apprenons rien de nouveau, nous nous souvenons d'un savoir ancien enfoui dans notre conscience et que notre passage dans la plaine du Léthé nous avait fait oublier. La reconquête de cette connaissance perdue est le travail du philosophe et marque sa lente sortie de la caverne de l'ignorance. Marcel Proust reprendra cette idée en assimilant la résurrection des âmes après la mort « à un phénomène de mémoire[1] ». Ce sont nos vies antérieures qui se rappellent à nous et affluent par la magie d'une sensation. Lui-même, par inadvertance, a ressuscité beaucoup de ses héros morts au court du récit et retrouvés vivants dans des volumes ultérieurs. Il ne voulait pas se séparer du peuple de ses personnages[2].

Comment réagirions-nous si un malin génie nous disait : tu as droit encore à une nouvelle existence ? La veux-tu vertueuse, médiocre ou héroïque ? À toi de choisir. Comment se résoudre à l'option d'un nouveau cycle, avec ses désillusions inévitables,

1. *Le Côté de Guermantes*, p. 79.
2. Jean-Yves Tadié, *Proust et le roman*, Gallimard, Tel, 1986, p. 331.

sachant ce que nous savons déjà ? Un romancier de science-fiction, Philip José Farmer, sans doute inspiré de Platon, fait l'hypothèse qu'un jour, à la suite d'un grand cri, tous les humains décédés depuis le début de l'humanité se réveillent, nus et chauves au bord d'un immense fleuve, le *Fleuve de l'éternité*[1]. Trente à quarante milliards de personnes, des anonymes en majorité mais aussi quelques célébrités parmi lesquelles Herman Goering, Mark Twain, Jésus, Robert Burton, (l'écrivain anglais, 1577-1640), Cyrano de Bergerac (l'auteur qui a vécu de 1619 à 1655) se retrouvent ensemble, incertaines sur le statut de cette aventure. Une *Église de la seconde chance* leur offre la possibilité de réorienter leur âme spirituelle pour devenir des demi-dieux. Cette utopie de la récapitulation totale de l'histoire de l'humanité déborde le simple globe terrestre et suppose une planète en expansion qui dépasse de beaucoup la nôtre. Mais elle implique surtout des morts et des résurrections en rafale où les humains jaillissent « des eaux d'un lac comme d'un utérus » puisqu'ils sont tous enregistrés sur une matrice qui leur fait subir un traitement biologique de réparation et de rajeunissement. Résurrection en série, pourrait-on dire. Impossible de se soustraire au cycle des réincarnations : l'Église de la seconde chance veille à brasser jusqu'à la fin des temps ces multitudes pour qu'un homme nouveau puisse

1. *Le Cycle du fleuve*, traduit de l'anglais, J'ai lu, 1989.

apparaître, enfin débarrassé de toutes les imperfections de l'ancien.

En attendant cette hypothétique fiction, il nous faut, à nous pauvres mortels, une vie où les *Encore* dépassent au moins d'une tête les *Trop tard.* Vient un moment, après la soixantaine, où un autre impératif temporel se fait jour : désormais, c'est maintenant ou jamais ! La griserie du crépuscule, la suavité des souvenirs n'empêchent pas la volonté matinale de repartir d'un bon pied. Nous n'aurons plus de deuxième, de troisième chance. Vient un moment où il est *trop tard pour le trop tard.*

PHOTOS DE FAMILLE

L'enfance, notre enfance nous paraît un jour l'étrangeté par excellence : nous reconnaissons à peine le petit que nous étions et sa juxtaposition avec l'adulte d'aujourd'hui a quelque chose de grotesque. Comme un zigzag malencontreux, comme si un sculpteur dément avait dévié l'arête du nez, allongé les oreilles, donné un malheureux coup de burin, creusant les joues et tirant la peau sur les pommettes. Par quelle bizarre torsion, à partir de tous les visages possibles, ais-je hérité de celui qui est le mien aujourd'hui ? Un masque de peau relâchée et de rides ! Aucune logique mais un hasard cruel que je suis contraint d'assumer. Qu'est-ce qu'une photo de famille, des petits-enfants aux grands-parents ?

Un conte cruel qui nous dit : voilà ce qui va vous arriver. Les jolies frimousses se froisseront, les cheveux tomberont, les silhouettes se déformeront jusqu'à devenir méconnaissables. Sur ces représentations, les juniors semblent happés par les plus âgés, littéralement vampirisés comme si la flèche du temps n'allait que dans le sens de la flétrissure. Le beau jeune homme fringant va s'épaissir comme son père, la jeune fille rêveuse finira rombière comme maman. Une nièce vous rappelle votre mère, un neveu est devenu le portrait craché de son grand-oncle, par un court-circuit ironique. Les vieux vampirisent les cadets, impriment sur eux leur marque impitoyable. Pour les stars, le sort est plus cruel encore : les derniers clichés piétinent littéralement ceux du bel âge. Simone Signoret, Liz Taylor, détruites par l'alcool ou Antonin Artaud édenté et grimaçant sont à jamais marqués par leur image à la fin de leur vie. Seules exceptions : la résurrection des morts photographique. Un Steve McQueen posant à jamais pour la marque de montres Breitling, Alain Delon pour Christian Dior semblent figés dans leur jeunesse pour l'éternité. Telles des momies en papier glacé, embaumées dans leur mythe. On peut aussi ranimer par hologramme des stars défuntes : Marilyn Monroe, le chanteur Tupac, Billie Holiday ou repartir en tournée avec Frank Zappa et Claude François.

La loi de l'écroulement généralisé souffre de belles exceptions : si certains êtres se fanent prématurément et deviennent méconnaissables dès 30 ans, d'autres mûrissent avec élégance et dominent leur lignée de toute la hauteur de leur expérience. L'âge ne les a pas embellis, il a fait mieux, il les a ennoblis. Il y a de beaux, de magnifiques vieillards. Ce sont les aristocrates du temps.

Grande question des Pères de l'Église : lors du Jugement dernier, quel sera le corps admis à résurrection, celui de l'âge radieux ou de la caducité ? Pourrons-nous choisir alors notre visage préféré ? Les infirmes reviendront-ils avec leurs handicaps, les martyrs avec leurs tortures ? Saint Thomas d'Aquin consacre des pages stupéfiantes à cette promesse : « On est semé dans l'ignominie, on ressuscite dans la gloire, on est semé dans la corruption, on ressuscite dans l'incorruptibilité, on est semé dans la faiblesse, on ressuscite dans la force, on est semé corps animal, on ressuscite corps spirituel. » On sera alors transparent à la présence de Dieu, les hommes resteront hommes, les femmes resteront femmes, leurs organes générateurs, désormais inutiles, seront maintenus, ainsi que leurs intestins qui seront remplis d'« humeurs nobles » et leurs cheveux et leurs ongles, utiles pour orner leur figure, à condition qu'ils ne soient pas trop longs. Le sang et le sperme persisteront mais transfigurés. La nourriture sera devenue inutile mais il restera possible de manger. Le genre humain sera dissous dans « l'or liquide d'un corps spirituel », incorruptible, immarcescible, imputrescible [1]. Extraordinaire conception qui reconnaît la quasi-perfection du corps humain dont le caractère périssable se revêtira alors du manteau de l'impérissable. Au son de la trompette du Jugement dernier, les corps se dresseront. « Ressusciter, c'est se relever [2]. » Splendide formule valable pour tous, que l'on soit croyant ou incroyant.

1. Qui ne peut se flétrir, se corrompre, tomber en putréfaction. À la résurrection, le corps sera bien identique au corps terrestre mais affranchi de la pesanteur, de sa « tunique de peau » et ramené à sa ressemblance avec Dieu. Sur l'opposition entre Origène et Grégoire de Nysse, voir le père Bernard Pottier, « L'humanité du Christ selon Grégoire de Nysse », *Nouvelle Revue de théologie*, t. 120, 1998.

2. Saint Thomas d'Aquin, *Somme théologique*, troisième partie, question 80.

CHAPITRE 8

Réussir sa vie, et après ?

> « Je crois toujours que la vie n'est pas un problème à résoudre mais un risque à prendre et en face de ce risque total, les seules compétences que je connaisse sont l'amour et la sainteté. »
>
> Georges BERNANOS

On connaît la célèbre injonction de Pindare : « Deviens ce que tu es », qui complète cette autre formule propre à l'Antiquité : « Connais-toi toi-même ». L'impératif est étrange : comment pourrait-on devenir ce que l'on est déjà sinon par un artifice ou un coup de force[1] ? Pour les Anciens, se connaître voulait dire prendre conscience de ses limites à l'intérieur du cosmos : chacun, n'étant qu'un microcosme à l'intérieur du macrocosme, ne doit pas déborder de son domaine propre mais au contraire se régler sur le cours des astres, en évitant le péché mortel de la démesure. Pour les Modernes,

1. Sur le sujet, de Dorian Astor, *Deviens ce que tu es. Pour une vie philosophique*, Autrement, 2016.

à l'inverse et ce depuis les Lumières, le moi doit advenir en développant toutes ses facultés au risque de se rabougrir. C'était déjà le sens de la parabole des talents (à la fois monnaie et capacités) dans les Évangiles chez Luc et Matthieu : un maître donne cinq talents à son premier serviteur, deux au second, un au troisième. Le premier lui en rapporte dix, le second quatre et le dernier lui rend le talent qu'il avait caché dans la terre. Le maître récompense les deux premiers serviteurs et chasse le dernier avec violence. Et il en tire cette stupéfiante conclusion : « Car on donnera à celui qui a et il sera dans l'abondance. Mais à celui qui n'a pas, on ôtera même ce qu'il a. » La morale philosophique de cette parabole est que nous devons faire fructifier les dons reçus par la nature ou par Dieu sous peine de pécher contre l'esprit. Ce sont nos mérites qui nous définissent mieux que les privilèges de naissance. Mais cet épanouissement aujourd'hui n'a plus à suivre l'ordre de la tradition ou les commandements de la foi : dans un univers individualiste, il se fait par une exploration de soi-même, quitte à délaisser les rôles que nous imposent les conditionnements sociaux, familiaux, claniques.

Je suis moi, hélas

Désormais, l'authenticité, c'est-à-dire la conformité avec le moi profond, doit primer sur la convention, la sincérité sur le jeu social, la singularité sur le collectif. Mais la notion d'authenticité est elle-même ambiguë.

S'agit-il de devenir ce que l'on est de toute éternité, un moi prédestiné, programmé qui doit juste arriver à éclosion et reposer en lui-même, une fois son but atteint ? En quoi l'on ne devrait s'embarrasser d'aucune entrave, d'aucun tuteur et n'écouter que son exquise subjectivité. L'authenticité serait la reformulation noble et moderne du vieux mot de caprice, du « bon plaisir » royal. Ne te soucie ni de réforme ni de progrès moral : tu es parfait tel que tu es, cultive ta singularité qui est bonne du seul fait qu'elle est tienne. Ne résiste à aucune inclination car ton désir est souverain. Tout le monde a des devoirs sauf toi. C'est toute l'ambivalence du *Be yourself* né dans les années 60 : pour être soi, encore faut-il que l'être puisse advenir, que l'on ne soit pas à 15 ans tout ce que l'on pourra être un jour.

Donné à moi-même, je n'ai plus qu'à m'exalter sans réserve : la valeur suprême n'est plus ce qui me dépasse mais ce que je constate en moi-même. Je ne « deviens » plus, je suis tout ce que je dois être à tout instant, je puis adhérer sans remords à mon caractère, à mes émotions, à ma fantaisie. Alors que la liberté est la faculté de se dégager des déterminismes, on revendique de les épouser au plus près (et la même chose se produit dans les politiques de l'identité : chaque minorité doit adhérer à soi-même dans la perfection de ce qu'elle est et ne pas sortir du cercle de l'entre-soi). On ne pose aucune borne à ses appétits, on n'a plus à se construire, c'est-à-dire à introduire de la distance entre soi et soi. Chacun de nous n'a qu'à suivre sa pente, à fusionner avec lui-même. Étrange complaisance qui touche aussi bien l'individu démocratique que les communautés toutes pleines d'elles-mêmes quand elles ont le sentiment que le monde leur doit tout.

Reste qu'on finit toujours par devenir quelque chose qu'on appelle le moi par facilité. *Au confort d'être soi s'ajoute le malaise de n'être que soi.* On s'est construit, on voudrait se reconstruire ou se déconstruire. C'est ici que l'âge introduit peut-être un peu de clairvoyance dans cette proclamation de soi comme modèle absolu. « Connais-toi », disait l'oracle grec, pour savoir tes limites et tes potentialités. Mais il n'y a que moi en moi, hélas, quoi que je fasse, et j'ai besoin d'un peu plus que mon être pour exister. L'on fait vite le tour de ce propriétaire-là. Que se passe-t-il quand on est devenu ce que l'on est, qu'on se connaît ou se méconnaît soi-même ? « Je ne sais pas ce que je suis, je ne suis pas ce que je sais », disait le mystique allemand Angelus Silesius (1624-1677). Freud ajoutera : je ne suis pas celui que je crois être, le moi n'est pas maître chez lui, il est mû par ces grandes forces que sont l'inconscient et le Surmoi, la tornade des appétits et le tribunal de la censure. Bien : mais cela ne fait pas de chacun de nous un grand Autre ou un être renversant de profondeur et d'étrangeté. Même si l'analyse donne souvent aux patients le sentiment fascinant d'évoluer au-dessus des abîmes de leur for intérieur.

Le risque étant non seulement de se prendre pour quelqu'un, avec la chance fréquente d'y arriver (Chateaubriand et Victor Hugo en sont un bon exemple) mais de s'enfermer dans sa splendide unicité, de reproduire le même personnage à l'infini. N'est-il pas plus excitant de proclamer : deviens ce que tu n'es pas. *On met un demi-siècle à se trouver ; on brûle ensuite de se perdre un peu.* Si chacun de nous est plusieurs, quels personnages apparaissent au dernier acte ? Il est possible que l'immaturité prolongée au-delà des dates permises soit aussi un atout, une façon de rester face au monde en état d'étonnement, jusque sur le tard. La jeunesse : tous ou presque se veulent citoyens honoraires de ce pays perdu depuis longtemps. Je me sens encore jeune disent le quadra, le quinqua et même le sexagénaire et ils ont peut-être raison dans leur révolte puérile contre l'évidence. « Quarante ans, disait Péguy, est un âge terrible, un âge impardonnable (...) il ne souffre plus qu'on lui en conte (...) Car c'est l'âge où nous devenons ce que nous sommes [1]. » Vision fatale qui sonne comme une guillotine : le quadra est incarcéré dans son cadre temporel sans possibilité de s'en évader. Seul, en tête-à-tête avec soi-même, on se sent vite de trop. Il est urgent alors de ne pas rester encombré de sa personne, de se fondre dans l'action, dans le travail, dans l'amour. Il n'y a

1. *Cahiers de la Quinzaine*, XII, 23 octobre 1910, cité par M. Philibert, *op. cit.*, pp. 217-218.

là rien de terrible ni d'irrémédiable pour reprendre la formule de Péguy sinon qu'à son époque la quarantaine frôlait déjà la vieillesse. Mais un quadragénaire, aujourd'hui, est un quasi-puceau de la vie et dispose encore d'assez de ressources pour se changer et se surprendre. Le souci de soi, tant prôné par Michel Foucault à la fin de sa carrière, est légitime dans les périodes de formation, les années d'apprentissage. Ensuite il s'apparente à de la paresse ou à de la sauvegarde prudente. Se produire soi-même comme sujet implique aussi que l'on cherche à échapper à cette intimation.

Dans une distinction lumineuse, Rousseau différenciait l'amour de soi, positif, de l'amour-propre qui naît de la concurrence et de la comparaison avec les autres. Il est une troisième sorte d'amour de soi inquiet qui s'est développée avec le freudisme vulgarisé et qui transforme chaque être humain en un petit paquet de problèmes et de tensions que l'on dépose régulièrement aux pieds d'autrui ou de son analyste[1]. C'est un registre narratif issu de la confession chrétienne, l'autoexamen de soi *qui transforme le minuscule en épopée palpitante* : tout fait sens, tout mérite d'être noté, il n'y a pas de déchet, il faut s'éplucher, associer sans fin. L'on connaît ces individus absorbés en eux-mêmes, agglutinés à leurs petits tracas. (Et c'est la définition même du

1. « Depuis que j'ai entrepris l'étude de l'inconscient, je m'apparais à moi-même très intéressant », Sigmund Freud, Lettre à Fliess, 3 décembre 1897.

malheur que de ne jamais pouvoir échapper à soi.) Ils ne s'oublient jamais et où qu'ils aillent, quoi qu'ils fassent, ils retombent dans leurs ornières. Ils se croient dotés d'un psychisme inépuisable, et glosent sur leurs moindres lapsus, actes manqués comme s'il s'agissait de hauts faits. Le commentaire est leur malédiction, ils ne cessent de se déchiffrer telle une insondable énigme. Ce gouffre étourdissant qui s'appelle leur moi les captive. Mais ce gouffre est aussi un enfer qui les empêche de jamais sortir d'eux-mêmes, les laisse rivés à leur coquille.

S'ouvrir à ce qui n'est pas soi n'est pas réductible aux foucades ou à l'inconstance des êtres. Sartre reconnaissait avec ironie dans *Les Mots* qu'il s'était construit sur « le beau mandat d'être infidèle à tout [1] ». Cette infidélité à soi-même n'est jamais qu'une autre forme de loyauté, comme un amant adultérin reste constant dans ses écarts conjugaux. C'est le rêve d'une dépossession contrôlée : devenir un autre sans cesser d'être celui que l'on est. Bien avant Sartre, Gide s'était écrié avec un rien de dandysme : « Avenir, que je t'aimerais infidèle » et il invitait son lecteur à bondir « à l'autre extrémité de soi-même ». Mais cette autre extrémité, c'est encore soi : on veut se fuir, on se reste attaché quoi qu'on dise. Cette aspiration à changer de personnalité peut ressembler à une soif de nouveauté ou à

1. *Les Mots*, Gallimard, p. 198. Sur ce thème le beau commentaire d'Olivier Rey, *Une folle solitude*, Le Seuil, 2006, pp. 244-245.

du parjure programmé : volonté d'évoluer avec son époque, voire de se désavouer quand on s'est égaré. Mais le parjure ne jure encore que par lui-même. Il veut se fausser compagnie, sans se défausser. L'apostat se renie moins qu'il ne reste fidèle à une haute idée de lui-même à travers des engagements successifs. Ses volte-face sont souvent des continuités.

Les trois visages de la liberté

L'absence de sens à l'aventure humaine est la condition même de la liberté et sa malédiction. Elle nous contraint à le découvrir en nous, dans le clair-obscur et l'indécision. Nous creusons notre route dans un dédale d'erreurs et d'impasses d'où surgit parfois une éclaircie. Dès que nous nous croyons sauvés survient alors un autre péril. La liberté, la faculté pour chaque homme ou femme de conduire sa vie comme ils l'entendent, connaît au moins trois stades, qui ne se suivent pas toujours, la révolte, la contrainte et la solitude. Au sortir de l'enfance, elle se manifeste d'abord par la rébellion contre la famille, les maîtres, l'ordre établi. On veut s'épanouir sans tutelle, éprouver sa force. Je suis mon propre maître, hurle l'adolescent(e) qui a reçu les bénéfices de l'éducation et veut briser ses chaînes. Vient alors le constat que la liberté est aussi responsabilité, qu'elle nous oblige à assumer la conséquence de nos actes. Je dois répondre de moi-même sans me dérober : l'on n'est jamais libre que dans un carcan étroit qui nous limite et nous définit en même temps. Moment éblouissant autant qu'astreignant. Son prix, le droit de parler à la première personne, de dire Je, c'est une solitude existentielle qui peut confiner au désespoir. Je suis seul à souffrir, je serai seul à mourir, encombré de moi-même, prisonnier à jamais du corps qui m'a été échu, de l'histoire vécue. C'est la face noire de notre autonomie. À qui m'en prendre quand je souffre, quand je piétine, quand j'échoue si je suis à moi seul mon propre obstacle ? Seule l'émancipation est exaltante, la liberté acquise est toujours décevante.

Il est tentant alors de ruser avec celle-ci, de parler plutôt de libération sans fin et de prolonger la rébellion de l'adolescence le plus loin possible. Comme si l'on était à 30 ans, à 40 ans encore sous la coupe de ses géniteurs, de la société à qui l'on peut imputer toutes ses difficultés. Car l'innocence s'en va en même temps que les rondeurs et le velouté des joues : un jour arrive où je deviens vraiment l'auteur de mes actes sans pouvoir me défausser sur un tiers. Je dois faire mes preuves et je serai jugé d'après elles. C'est le malheur et la merveille de grandir, de devenir adulte. De là que nous ne cessions d'élaborer des compromis entre insubordination et demande d'assistance : occupez-vous de moi, quand je vais mal, laissez-moi tranquille quand je vais bien. C'est la douceur de nos sociétés démocratiques que d'atténuer la solitude des citoyens par l'exercice de la solidarité. Celle-ci protège nos droits et allège la brutalité de nos peines.

Le sens de la vie est donc une question qui survit à toutes les réponses données. Un moment arrive où il faut en finir avec le « Qui suis-je ? » pour lui substituer un « Que puis-je ? ». Que m'est-il permis d'entreprendre à cette période de mon existence ? Pour s'évader de soi, il faut se souvenir que « le plus court chemin de nous à nous-même est l'univers » (Malcom de Chazal). La richesse d'un destin est toujours liée aux rencontres qui l'ont émaillé et sans lesquelles chacun de nous n'aurait aucune épaisseur. Vieillir, c'est honorer une reconnaissance de dette sans fin, nous sommes faits de tous ces autrui que nous avons croisés, *chacun de nous est une œuvre collective qui dit Je.*

Beaucoup de personnes, on le sait, se forcent à être ce qu'elles ne sont pas ou dissimulent leur vraie nature (dans le registre de l'orientation sexuelle, par exemple). Elles sont heureuses ensuite de se convertir à elles-mêmes (Sénèque), de se rejoindre comme un havre de paix à l'abri des tempêtes du monde. Se trouver, trouver sa voie : telle est la première étape d'une réconciliation avec soi. C'est le moment merveilleux où l'on devient maître de son destin. L'on cesse d'être commandé de l'extérieur, on agit par soi-même. Heureux ceux qui savent très tôt ce qui leur convient et ne se perdent pas en tergiversations, en digressions. Jadis, en Occident, se convertir à soi impliquait de renoncer à son être réel, soit par la soumission à la loi divine, soit par l'obéissance à un maître ou à une morale[1]. L'on se conformait à un ordre social quitte à réprimer sa véritable vocation. Pour vouloir changer sa vie, il faut déjà considérer qu'elle vous appartient plutôt qu'à Dieu, à l'Église, à la synagogue, à la mosquée, à votre communauté ou classe d'origine. Cela suppose non seulement un allègement des liens tribaux, claniques ou traditionnels mais la certitude que le changement, d'une génération à l'autre, est préférable à la stabilité. Grandir, accéder à la majorité, selon le credo des Lumières, c'est passer de l'hétéronomie de l'enfance où je reste sous surveillance, à l'autonomie de la maturité où je suis censé me donner à moi-même ma propre loi.

Le désir d'avoir une vie à soi et non un uniforme emprunté aux convenances, aux autres est une aspiration récente dans l'histoire. C'est la promesse américaine, notamment : que chacun écrira à son gré le scénario de son propre destin. Promesse bien sûr ambiguë car obérée par les inégalités sociales et les discriminations de toutes sortes. Le Vieux Monde, enraciné dans un passé aristocratique, a longtemps résisté à cette injonction. « On arrive, on trouve une existence toute prête, on n'a plus qu'à la revêtir[2] », disait Rainer Maria Rilke au début du XXe siècle à Paris. Même le désir d'avoir une mort

1. Michel Foucault, *Philosophie*, Folio Gallimard, 2004, p. 62.

2. *Les Cahiers de Malte Laurids Brigge*, Émile-Paul frères, 1947, traduit par Maurice Betz, p. 10.

à soi, notait-il, devient de plus en plus rare, chacun est « heureux d'en trouver une qui [lui] aille à peu près [1] ». C'est parce que nous sommes libres que nous avons un destin. Les hommes aliénés n'ont pas de destin mais une direction commune, ils vont par blocs compacts vers la même destination. L'individu démocratique s'insurge contre cette moutonnerie. Il voudrait être seul propriétaire de lui-même. Mais cette jouissance de soi, ce plaisir d'être souverain sur ses terres, n'empêche pas de rester sensible aux accidents bienheureux que nous apporte le hasard : d'entretenir par exemple un rêve de dépossession dont l'amour serait l'illustration la plus parfaite puisque aimer c'est d'abord ne pas s'appartenir, consentir volontairement à être dessaisi de soi.

Une porte ouverte sur l'inconnu

Bien vivre, à tout âge, pourrait se résumer à un double commandement : ne plus changer, une fois trouvée la bonne formule, mais demeurer disponible aux beautés du monde. Sans pour autant s'abjurer, on peut vouloir que l'avenir ait un visage surprenant, qu'il prenne non pas la figure du ressassement mais celle, plus aimable, de l'inattendu. Le simple fait de pressentir, jeune, une destinée plus favorable permet souvent de renverser les murs

1. *Idem*, p. 11.

qui nous incarcèrent. C'est le charme des départs, des ruptures que de nous basculer dans l'inconnu et de creuser au sein de la trame du temps une déchirure bénéfique. Aux principes de plaisir et de réalité, il faudrait en rajouter un troisième, le principe du Dehors en tant qu'il est le royaume de la diversité, de l'inépuisable saveur des choses. L'ailleurs, l'étranger sont souvent le lieu de la révélation.

Il arrive que lors d'un voyage ou d'un accident fortuit nous soit offerte l'intuition d'autres mondes bouleversants : tel Pécuchet, galvanisé par une paysanne, splendidement indécente et dont il observe les ébats derrière une haie, remis en cause un instant dans sa vocation de copiste effréné. Est-il surprenant que cet appel du mystère prédomine surtout dans les trois domaines de la religion, de l'érotisme, du voyage, les trois lieux de la transcendance humaine, l'appel vers la chair, l'appel vers Dieu, l'appel vers d'autres continents ? Cette porte ouverte sur l'inexploré, il faut l'avoir franchie au moins une fois dans sa vie, elle est la porte du sacré : tout est suspendu à l'imminence d'un saut, comparable à une conversion religieuse, qui nous délivre de nous-même, des puissances asphyxiantes de la routine. L'inopiné est la version laïque du salut.

Le fait que le futur soit aléatoire, c'est-à-dire marqué par la plasticité, est la chance que quelque chose d'inouï nous arrive, fût-ce dans les toutes dernières années de notre vie. Cette fièvre à affronter la haute mer de l'aventure ne se dissipe jamais. À tout moment, il devrait être possible d'appareiller vers de nouveaux destins. Avec ce risque toutefois : qu'un être qui a pantouflé pendant trente ans se lance, dans l'héroïsme du dernier instant alors qu'il n'est pas armé pour ces incartades. On a trop d'exemples de ces quinquagénaires, hommes ou femmes, sédentaires et enrobés, qui se jettent dans le sport à outrance du jour au lendemain et finissent aux urgences. Le senior qui se prend soudain pour un funambule et fait du saut à l'élastique, la retraitée qui se déguise en baroudeuse et part s'enliser dans les sables d'un quelconque désert, l'ancêtre qui se découvre une vocation de Casanova et se fait dépouiller par des gamines délurées, sont des figures bien connues de la comédie. Tout n'est pas possible à tous les âges et il y a aussi une décence des capacités physiques. Bernanos parle dans son *Journal d'un curé de campagne* de ces hommes révélés par la guerre et qui sans elle seraient restés des « moignons d'homme ». Dieu merci, nous n'avons pas besoin d'une guerre pour accéder à la lumière. À chaque étape, il reste possible de procéder au dépouillement métaphorique du vieil homme (ou de la vieille femme).

Peut-être faut-il, pour éviter la rouille de l'âme, loger en soi son bon ennemi, selon un précepte des Évangiles, le *daïmon* fécond et non stérile. Apprendre à devenir à soi-même son meilleur adversaire, celui qui vous réveille et vous stimule par son aiguillon. Tel serait peut-être le secret d'une bonne vie : cultiver la juste division qui vous met en branle et vous contraint à avancer par une légère mais fertile claudication.

« Si mes démons devaient me quitter, je crains que mes anges ne prennent à leur tour leur envol » (Rainer Maria Rilke).

Réussir mais pas tout à fait

Que se passe-t-il une fois qu'on a réussi dans la vie [1] ? Va-t-on s'endormir sur ses lauriers, attendre que les autres nous tressent des couronnes, nous couvrent la poitrine de décorations, de hochets tintinnabulants, gère-t-on son succès à la manière d'un patrimoine ? Question passionnante des dernières années des grands capitaines d'industrie, des chercheurs, mathématiciens, navigateurs, artistes, masculins ou féminins, parvenus au faîte de leur gloire et contraints de continuer malgré tout, en parasites ou en témoins de leur œuvre, celle-ci les rejetant après les avoir utilisés [2]. Toute vie réussie, s'il existe une telle chose, échappe à la logique du solde positif

1. Sur ce thème, voir le remarquable essai de Luc Ferry, *Qu'est-ce qu'une vie réussie ?*, Grasset, 2002.

2. En 2009-2010, le musée d'Art moderne de Paris organisait une exposition intitulée « Deadline » sur les œuvres tardives de douze artistes internationaux au seuil de la mort. Parmi ceux-ci on trouvait des tableaux de De Kooning, Hans Hartung, Chen Zhen et des crânes de Robert Mapplethorpe.

ou négatif. Elle n'est qu'une suite de défis et de défaites surmontées, de hontes indicibles qui en forment le revers. L'existence est-elle un sommet qu'on finit d'escalader vers la cinquantaine après quoi l'on redescend vers la plaine en admirant le crépuscule ? La métaphore est tentante mais elle n'est qu'une métaphore. Mûrir, c'est souvent procéder au recensement mélancolique de tout ce que nous n'avons pas réalisé. Mais cette mélancolie dessine en creux un vaste domaine à défricher : ce qu'il nous reste à explorer.

Idéalement, une existence réussie fait converger toutes les fins souhaitables vers une totalité déterminée, vers ce que les Grecs appelaient l'excellence, une forme de perfection dans un domaine précis. Parfois une vie finissante répond au principe de condensation : achever en quelques années tout ce que nous avons négligé avant. Nul ne peut, au risque de tomber dans des généralités vagues, définir précisément ce qu'est une vie réussie mais *chacun sait d'instinct ce qu'est une vie mauvaise ou laide.* Grande question dans l'éducation comme dans la politique : comment consoler les perdants, pacifier la compétition, les réinstaller dans la cité, leur donner une autre chance ? Comment éviter les rancœurs, les haines inexpiables, comment se remettre d'un ratage, pour éviter de dire comme ce personnage de Zweig : « Il y a en moi toujours un vaincu qui veut prendre sa revanche[1]. » Peut-être faudrait-il parler

1. *Le Joueur d'échecs*, Stock, Cosmopolite.

plutôt *de vie épanouie* : une vie qui s'ouvre au trouble de l'imprévu, échappe à l'obligation d'un bilan et engage un pouvoir d'avenir, fût-elle proche de son terme. Le concept de réussite a ceci de gênant qu'il semble clore la recherche puisque l'état le plus désirable a été atteint comme si l'aventure était finie.

Il y a une grande fierté, teintée de mélancolie, d'avoir accompli ses objectifs, rempli sa mission. C'est le doux chagrin d'une vie qui a cessé d'errer parce qu'elle croit avoir trouvé son port et se trouve vouée à faire du surplace. Il faut imaginer Ulysse malheureux une fois rentré chez lui, comme le suggérait le grand poète grec Constantin Cavafy (1863-1933), souhaitant à Ulysse qu'il atteigne son Ithaque le plus tard possible :

> « Mais n'écourte pas ton voyage :
> mieux vaut qu'il dure de longues années,
> et que tu abordes enfin dans ton île
> aux jours de ta vieillesse,
> riche de tout ce que tu as gagné en chemin [1]. »

Le retour lui-même ne devrait jamais être qu'une autre escale. L'objet le plus cher de notre désir n'a

---

1. Constantin Cavafy, « Ithaque », traduit par Marguerite Yourcenar, *Poèmes*, Gallimard, 1958. Vladimir Jankélévitch imagine l'Ulysse moderne en enfant prodigue qui s'ennuie, une fois sa Pénélope retrouvée, et rêve à nouveau de Calypso dans sa grotte marine, ainsi que de Circé car il a troqué la nostalgie pour la déception (*L'irréversible et la nostalgie*, pp. 291-292).

de prix que de rester inaccessible mais surtout ignoré : c'est le mouvement que nous prisons, plus que l'objectif, c'est de rester mobile qui nous rend vivants. Certains s'ingénient à ne pas réussir tout à fait dans leur domaine pour se ménager un futur et ne pas lui barrer la route. (Tels ces nantis qui se ruinent presque volontairement pour recommencer l'aventure palpitante de l'enrichissement.) Dieu, disent les Évangiles, veut qu'on le cherche, non pour le trouver mais pour continuer à le chercher.

Il ne nous reste donc qu'à échouer, essayer, échouer encore, essayer, échouer mieux, comme disait Samuel Beckett. Comment la vérité peut-elle surgir de l'erreur, d'une incessante correction des échecs traversés ? Même parvenu à un âge honorable, nous ne sommes pas encore tout entiers ce que nous pourrions être. Il y a une fatigue d'être rivé à soi comme l'huître à son rocher et une beauté de se quitter un peu, d'être mis à l'épreuve de la nouveauté ou de l'altérité. Qui pourrait m'enrichir, me relier à plus vaste que moi ? Quel malheur de n'avoir qu'une vie, qu'un corps, qu'une identité, qu'un sexe, au lieu d'être pluriel, de pouvoir s'incarner à volonté dans les milliers de destins possibles qui nous entourent ! J'aimerais tant renaître femme, hindou, Sud-Américain, homme du Moyen Âge, de la Renaissance, de l'Empire maya voire même loup, ours ou mésange, connaître un processus de métempsychoses sans fin !

Tout n'est pas possible

Une vie heureuse n'est pas seulement « un rêve d'adolescent réalisé à l'âge mûr » (Vigny, *Cinq-Mars*), c'est aussi un destin qui s'est agrégé à quelque chose de plus vaste, s'est ouvert à une certaine dimension. L'existence ici-bas est parfaite en chacun de ses instants et à parfaire à chaque moment. À condition de distinguer le potentiel du possible. Le premier est crucial à l'adolescence où il s'agit de déployer ses talents, de solliciter ses facultés par le travail et l'apprentissage. C'est un développement intérieur et indispensable à chacun. On advient à soi par le labeur et la connaissance. Le possible est d'un autre ordre : extérieur à soi, il est un compromis entre le monde et mes aspirations et dévoile en chacun des aspects inconnus qui le forcent à se dépasser. Je me réalise à travers mes capacités, je me devance, je me recrée à travers les choses vécues. Ce que révèle l'expression : je ne me serais jamais cru capable de faire cela. On passe avec le possible du gouvernement de soi à l'élargissement de son être par le biais de la réalité.

Ne nous berçons pas d'espoirs insensés : on ne peut plus, à partir d'un certain âge, remettre sa vie en jeu comme un dé qu'on relance, faire n'importe quoi, se lancer dans la recherche biologique, la course automobile, le parachutisme, les mathématiques. Il est encore moins vrai à 60 ans qu'a 20 que seul le ciel soit « la limite ». C'est l'attitude américaine du *can do*, du « tu peux le faire » qui ne fixe aucune borne aux capacités d'un individu pourvu qu'il se retrousse les manches, optimisme d'une nation pionnière qui croit au mariage de l'efficacité et de la volonté. Moins que jamais nous ne pouvons nous soustraire à la nécessité du choix et nous abandonner à l'ivresse de l'illimité. L'âge est réducteur d'incertitudes. Mais les contraintes, en nous restreignant, fortifient aussi notre liberté.

Nous restons toutefois, dans certains moments privilégiés, submergés d'élans, d'appétits, de rêves si riches, que nous sommes incapables de les trier, cloués par leur multitude. C'est un étourdissement qui peut nous paralyser, analogue au vertige de l'adolescent qui voit s'ouvrir devant lui tous les chemins. Alors « le réel est étroit, le possible est immense », comme le disait Henri-Frédéric Amiel dans son *Journal* : ce rentier suisse du XIXe siècle fut, sa vie durant, frappé d'aboulie et ne vécut rien faute de pouvoir embrasser toutes les directions. À tout âge, de nouvelles potentialités nous attendent en ce monde. Ce qu'on peut attendre d'une psychanalyse, disait Freud, n'est pas de « se réconcilier avec la réalité mais avec ses propres capacités. Vouloir ce qu'on veut, pouvoir ce qu'on peut. Pas vouloir ce qu'on peut, aplatissement devant la réalité. Ni pouvoir ce qu'on veut – le croire – figure de toute-puissance. Mais, qu'on puisse jouer sa partie, dire son récit, répondre au monde à sa façon. Aimer et wtravailler[1] ».

1. In Deschavanne et Tavoillot, *op. cit.*, pp. 305-306.

Tel est l'été indien de la vie : la reconquête des possibles perdus même si le champ des virtualités s'amenuise chaque jour telle une peau de chagrin. Il faut rester une conscience ouverte qui se laisse émouvoir et affecter, sans être jamais rassasiée. Évoquant une petite marchande de café au lait, au visage « empourpré des reflets du matin... plus rose que le ciel » qui passe le long d'un train arrêté dans une gare pour les voyageurs réveillés, Marcel Proust écrit : « Je ressentis devant elle ce désir de vivre qui renaît en nous chaque fois que nous prenons de nouveau conscience de la beauté et du bonheur[1]. » La saveur des jours qui passent réside dans cette chose très simple et capitale : ne pas savoir ce qu'on va trouver, découvrir de nouveaux sentiers, ne pas être ramené en permanence à soi. C'est *la grandeur de l'interruption*, le rêve de se fausser compagnie. Que peut-on se souhaiter de mieux dans une existence ? De beaux événements, de belles rencontres avec des êtres exceptionnels qui nous haussent au-dessus de nous-même. Et nous offrent la grâce d'une visitation. Prière de l'homme ou de la femme mûrs : Seigneur, accordez-moi une dernière flambée d'amour, de recueillement avant l'extinction, une nouvelle naissance sur le tard afin que mes dernières années en soient illuminées en plus de toutes les douceurs que le destin m'a octroyées. Une vie « réussie » est une existence

1. Marcel Proust, *À l'ombre des jeunes filles en fleurs*, in *À la recherche du temps perdu*, tome 1, La Pléiade, 1987, p. 655.

en état de renaissance perpétuelle où la faculté de recommencer l'emporte sur l'acquis et atteint la force d'un jaillissement ininterrompu[1]. Il faut à la fois se contenter de ce que le monde nous offre et lui demander plus, creuser en lui l'attente d'un prodige, d'un tourbillon. Une existence est d'autant plus riche que l'écart entre le point de départ et le point d'arrivée est grand : naître dans un ghetto et finir en grand artiste, tel, par exemple, le musicien et producteur Quincy Jones. Il y a toujours une manière élégante de contourner la fatalité même si nul au final n'échappe à l'irréparable.

La quête d'une vie captivante doit obéir à deux injonctions contradictoires : se satisfaire pleinement de notre sort mais aussi rester attentif aux rumeurs du monde, à la petite musique des choses étrangères. Immersion dans le merveilleux aujourd'hui, disponibilité aux émerveillements du dehors. *Bonheur de la continuité, bonheur de la suspension*, bonheur de la contraction d'un côté, de la dilatation de l'autre, sérénité et ivresse, ritournelle et fuite. C'est le contraste entre les unes et les autres qui est seul générateur de griserie.

---

1. Sur la notion de seconde vie, voir Vladimir Jankélévitch, *L'irréversible et la nostalgie*, à propos de Lazare ressuscité du tombeau dont la vie nouvelle est semblable à la réexposition d'une sonate, *op. cit.*, pp. 75-77. Sur le même thème, dans une rhétorique proche de Heidegger et influencée par la pensée chinoise, François Jullien, *Une seconde vie*, Grasset, 2016.

TRANSMETTRE DANS LE MALENTENDU

Dans une démocratie, disait Tocqueville, chaque génération est une nouvelle nation et la tradition est moins un impératif qu'un renseignement. Transmettre est devenu une tâche problématique : la tentation est grande pour les aînés de s'agenouiller devant les cadets de peur d'être annulés, comme le signalait déjà Platon dans sa *République*. Mais tout concéder aux nouveaux venus, balayer d'un revers de la main l'héritage dont on est le porteur, ça n'est pas les aider, c'est les maintenir dans la geôle du présent, les enfermer dans la pure actualité dont ils sont le miroir et l'écho. On cesse alors d'être un maître en maturation pour devenir un maître en prosternation. Au lieu d'apprendre la nécessité du temps long, on devient le servile courtisan de la jeunesse et de l'instant. Le mentor se transforme en laquais, le tuteur en flatteur.

À en croire un cliché, nous vivrions l'inversion de la relation éducative due à l'innovation technologique. Les enfants deviendraient les parents de leurs parents et leur enseigneraient jour après jour les rudiments de l'Internet. Ils seraient les « indigènes digitaux » (Nicholas Negroponte) et délégitimeraient la réputation de savoir et de sagesse que l'on attribue, à tort, aux adultes. « L'important ne sera plus d'appartenir à telle ou telle classe sociale, raciale ou économique mais à la bonne génération. Les riches sont à présent les jeunes et les démunis les vieux[1]. » C'est au petit désormais d'éduquer ses parents et de l'adapter, comme les fils et filles d'immigrés, au nouvel environnement mondial. La hiérarchie des âges serait bouleversée : les « vieux » n'auraient plus rien à enseigner, ils auraient tout à apprendre, ce seraient eux les nouveaux analphabètes, exclus des nouveaux outils. *You are too cool for school*, disaient, paraît-il, Jeff Bezos et Steve Jobs (Vous êtes trop malins pour aller à l'école, laquelle ne produit que des robots). Mais l'accessibilité de tous à tous les savoirs n'a rien à voir avec l'initiation à une discipline exigeante. Cliquer d'un coup de pouce sur l'astrophysique ou la chimie organique ne fait pas de nous des astrophysiciens ou des chimistes, même pas des vulgarisateurs. Juste des analphabètes pédants. La démocratie du clic n'est qu'une démocratie d'ignares. Le savant n'est pas qu'un dilettante qui a réussi, il a œuvré sa vie entière sur les mêmes sujets. Nous revenons de ces chimères d'autant que de nombreux grands patrons de la Silicon Valley interdisent à leurs propres enfants l'accès aux iPads, tablettes et autres ordinateurs qui nuisent à la concentration et à la créativité. L'on ne devrait pas confondre savoir et savoir-faire, la dextérité

1. Nicholas Negroponte, *L'Homme numérique*, traduit par Michèle Garène, Laffont 1995.

des jeunes gens est une prouesse technique, non une supériorité symbolique[1].

Si notre devoir, en tant qu'aînés, c'est bien d'enseigner le passé, de ressusciter les grands morts pour qu'ils restent vivants au milieu d'autres vivants, de les exhumer de la poussière où ils sommeillent, il faut aussi maîtriser les nouveaux outils, sous peine de devenir un étranger dans son époque, un spectre perdu dans un univers de signes qu'il ne comprend plus. L'illettrisme électronique des personnes âgées les prive de tout moyen de survivre dans le labyrinthe bureaucratique moderne. Ils cherchent à se repérer dans les innovations comme on cherche la bonne fréquence sur une radio.

Nous devenons tous, à partir d'un certain âge, des immigrés dans le temps. Les anciens snobismes ne fonctionnent pas, les réflexes ont changé, la langue commune est trompeuse, on a désespérément besoin de médiateurs, de traducteurs pour convertir les dialectes particuliers en un parler commun. C'est par les mots que nous sommes datés et socialement situés. Il faut réapprendre les us des jeunes gens, intégrer leurs expressions nouvelles, se remettre au goût du jour, sous peine de ne plus « être dans le coup, papa », comme on disait dans les années 60 du XXe siècle. La gourmandise avec laquelle nous

1. Voir sur ce thème Catherine Chalier, *Transmettre de génération en génération*, Buchet-Chastel, 2008, pp. 230-231.

apprenons l'argot des lycéens, des banlieues, comme si l'on s'initiait à une langue étrangère, se double de la pudeur à l'utiliser, sinon entre guillemets, de peur de paraître ridicules. Chaque classe d'âge a ses totems sémantiques, ses jurons obsolètes, ses expressions surannées qui vieillissent avec elle sauf quand, inventifs ou curieux, ils sont jugés assez riches pour entrer dans le lexique commun. Notre langage lui-même sédimente dans ses énoncés les modes et les tics de chaque décennie, qui refont surface comme les alluvions d'un fleuve.

L'erreur des adultes est de croire connu de tous ce qu'ils savent déjà alors que la connaissance n'est pas une masse uniforme qui marche d'un même pas pour l'humanité. Les références ont changé, les grandes dates historiques ne renvoient plus aux mêmes affects. Il faut à chaque fois reconvertir patiemment nos disciplines dans un idiome commun sans les vulgariser ni les dégrader, employer une stratégie de désynchronisation intuitive. Il faut un GPS temporel pour mettre les uns et les autres sur la même longueur d'onde. Si « les mots meurent de soif » comme le disait Octavio Paz, le meilleur moyen de les étancher est de les rendre à nouveau désirables à ceux qui non seulement les ignorent mais ne soupçonnaient même pas qu'ils puissent exister.

Le passé est un trésor que nous devons ressusciter, pour ne pas en priver ceux qui nous succèdent. Leur donner les clefs du monde n'est pas les inviter à nous imiter mais à nous contester éventuellement, en toute connaissance de cause. Cette liberté, ils la retourneront peut-être contre nous : « Je t'ai enseigné ma langue. Tout ce que tu en as retiré, c'est la possibilité de me haïr » (Shakeaspeare). L'essentiel est de pouvoir dire : le relais est assuré, la filiation a été remplie. Nous avons armé nos enfants pour l'avenir. À condition de ne pas leur communiquer uniquement le dégoût de la vie, du genre humain, comme le font de nos jours tant de prophètes de malheur. Chaque génération ne peut remplir qu'un rôle historique précis après quoi elle doit céder la place. Elle est un maillon dans une longue chaîne qui l'a précédée et lui survivra. On dit que Fred Astaire (1899-1987), qui avait croisé Michael Jackson à plusieurs reprises, l'avait inspiré et avait assisté au tournage du clip de la chanson « Thriller » (1982), lui adressa ce télégramme : « Je suis un vieil homme. J'attendais la relève. Merci [1]. » Le bon maître doit accepter de disparaître, une fois son travail accompli.

1. Marc Lambron, *Vie et mort de Michael Jackson*, Réunion des musées nationaux, 2018, p. 29.

CINQUIÈME PARTIE

Ce qui en nous ne meurt pas

CHAPITRE 9

Mort, où est ta victoire ?

> « Tous les hommes sont mortels ; mais pour chaque homme sa mort est un accident et même s'il la connaît et y consent, une violence indue. »
>
> Simone de BEAUVOIR

La Chèvre de Monsieur Seguin

Tout conte pour enfant offre au moins deux lectures ; une première édifiante, à des fins d'éducation, une autre plus subtile et parfois dissimulée. Prenez *La Chèvre de Monsieur Seguin* d'Alphonse Daudet : il s'agit en apparence d'un apologue sur la désobéissance. Monsieur Seguin est un éleveur qui vit en Provence ; il ne garde aucune chèvre puisque toutes, les unes après les autres, attirées par le grand large, partent dans la nature et se font dévorer par le loup. Quand il acquiert Blanquette, le même scénario se répète : elle se languit et veut s'enfuir. Il l'enferme dans une étable mais elle parvient à s'échapper par une ouverture dans la paroi. Elle va gambader à son tour dans la montagne, s'enivre de sa liberté et se régale, en compagnie des chamois, d'herbes savoureuses. Quand le soir arrive, elle frissonne ; le loup vient d'apparaître entre les hautes herbes et la fixe calmement. Elle se bat contre lui toute la nuit, cornes baissées mais à l'aube, épuisée et couverte de sang, elle se couche et se laisse dévorer.

Lue aux enfants indisciplinés, cette histoire semble un éloge de la règle : quiconque se rebelle contre ses parents ou ses éducateurs encourt le pire. Malheur aux indociles ! Derrière cette fade moralité, il en est une autre plus riche : dès qu'un être vivant arrive à l'âge adulte, il jouit de sa liberté jusqu'au crépuscule, après quoi, même s'il lutte farouchement, la mort l'emporte. La chèvre de Monsieur Seguin ne se rend pas ; elle combat jusqu'à épuisement et cette bataille nocturne constitue toute la richesse du conte. « On ne lutte pas pour vaincre le mal mais pour qu'il ne gagne pas » (Sénèque).

Peut-on se résoudre à la mort, faire la paix avec elle ? Non, car elle ne cesse jusqu'au bout de nous réduire en poussière, elle est cette « gueuse » qui nous ronge et nous émiette (Guy de Maupassant [1]). Elle n'est pas un ennemi avec lequel nous pourrions négocier mais une loi implacable qui n'a de cesse d'éroder, jour après jour, notre processus vital. Avec le trépas, nous ne pouvons que signer des trêves, provisoires. « La vie est l'ensemble des forces qui

1. Guy de Maupassant, *Bel Ami*, Paul Ollendorf, 1901, p. 160.

résistent à la mort », a dit le physiologiste Marie François Xavier Bichat (1771-1802) dans une phrase mille fois plagiée. Même si certains contestent l'exactitude de la définition [1], elle reste parlante. Nous mourons chaque jour dans chacune des heures qui nous sont échues et la dernière sera la bonne. La vie naît de la répression permanente du suicide cellulaire, l'*apoptose* (Jean Claude Ameisen [2]) qui prévient l'autodestruction de l'organisme par lui-même. Exister, disait déjà Proust, c'est résister aux morts fragmentaires et successives qui s'insèrent dans toute la durée de notre vie [3]. En paraphrasant Bichat, on pourrait dire pareillement : « La mort est l'ensemble des forces qui anéantissent la vie pour mieux la ressusciter. » Nous serons effacés pour que d'autres surgissent sur terre à leur tour.

L'éternité amoureuse du temps

Notre époque entonne une étrange complainte : la mort serait menacée. On irait vers une pénurie de décès. « Je crains que nous ne soyons la dernière

---

1. André Klarsfeld et Frédéric Revah, *Biologie de la mort*, Odile Jacob, 2000. Selon les auteurs, aucune loi supérieure ne condamnerait les êtres au vieillissement et à la mort.

2. Jean Claude Ameisen, *La Sculpture du vivant*, Le Seuil, 2003. Selon l'auteur, réprimer le déclenchement du suicide cellulaire et donc prolonger la vie au-delà des bornes admises est devenu l'enjeu fascinant de la médecine du XXIe siècle.

3. *À l'ombre des jeunes filles en fleurs*, *op. cit.*, p. 221.

génération à mourir», écrit Gerald Jay Sussman, professeur au MIT (Massachussets Institute of Technology) et spécialiste d'intelligence artificielle. Avec le despotisme d'une obsession qui ne souffre pas de rivale, la lutte contre la mort est devenue l'objectif des plus riches qui veulent échapper au lot commun et surtout à cette grande égalisatrice qu'est la Faucheuse. «Que le diable emporte le corps physique, il est sans intérêt», s'écrie le spécialiste en robotique Hans Moravec. «Nous voudrions tous être immortels.» Puisque c'est la chair et les processus biologiques qui précipitent notre ruine, il faut aller au plus vite vers une ère postbiologique, de robots pensants, complexes et incorruptibles, permettant de remplacer le corps par une structure bionique. «Clones, cyborgs, organes artificiels se coalisent pour offrir un nouveau visage à notre humanité[1].» L'esprit serait en passe de triompher de la nature, de tuer la maladie et la mort, laquelle, une fois reléguée au magasin des antiquités, rendrait la naissance de nouvelles générations elle-même superflue. Des milliardaires se font construire des cryptes très coûteuses pour abriter leur cerveau afin de le récupérer, après la transition technologique, et le recharger sur des machines.

Nous voici entrés dans l'ère des promesses extatiques. Le 6 octobre 2012, l'urologue et chirurgien Laurent Alexandre, partisan du trans-humanisme, prononçait à Paris une conférence où il annonce la

1. Jean-Michel Besnier, *Demain les posthumains. Le futur a-t-il encore besoin de nous ?*, Hachette Pluriel, 2009.

disparition prochaine de la mort. Notre espérance de vie ayant triplé depuis deux cent cinquante ans, nous serions, selon lui, face à quatre scénarios : un recul drastique, en raison de la pollution, une stagnation, une poursuite lente jusqu'à 120, 150 ans ou une augmentation exponentielle grâce aux bonds qualitatifs permis par les nanotechnologies, la robotique et le génie génétique. Et de conclure son exposé par cette proclamation provocante (sur laquelle il est revenu depuis, avec humilité) : « Ma conviction est que certains d'entre vous dans cette salle vont vivre mille ans[1]. » Un combat titanesque s'annoncerait entre le silicium et le neurone, pour « interfacer » notre cerveau avec l'intelligence artificielle. Non seulement le vieillissement est réversible, grâce à la démarche de « déchronification », c'est-à-dire de rajeunissement cellulaire, mais la disparition de la mort elle-même ne serait plus qu'une question de temps. Ce détestable pli de la Préhistoire humaine devrait à son tour appartenir au passé. L'essentiel est de tenir jusqu'à ce que la recherche parvienne à terrasser le monstre. On sait qu'un neuro-chirurgien italien, Sergio Canavero, voudrait greffer des têtes sur des corps de rechange neufs,

1. 2014, sur le site Capital.fr. Voir aussi « L'homme qui vivra mille ans est déjà né », entretien paru le 30 juillet. Dans son livre paru en 2011, le docteur Laurent Alexandre annonce sur un ton messianique *La Mort de la mort* (JC Lattès). Selon lui, elle ne serait plus une réalité imposée par la nature ou un dieu mais un problème à résoudre. On passerait au XXIe siècle, grâce au « géno-tsunami », de l'homme réparé à l'homme augmenté, potentiellement immortel.

ceux de donneurs en état de mort cérébrale, comme un disque dur que l'on réinstalle sur un ordinateur.

L'artiste Orlan lance en 2011 en ligne, en anglais, une pétition contre la mort : « Ça suffit. Ça a duré depuis trop longtemps. Ça doit s'arrêter. Je ne suis pas d'accord. Je ne veux pas mourir. Je ne veux pas que mes amis meurent. Il est temps de réagir contre la mort. » Un scientifique anglais Aubrey de Grey propose quant à lui de régénérer les tissus cellulaires pour étendre l'espérance de vie à l'infini. Il crée la Methuselah Foundation à laquelle contribuent de riches donateurs. Les nouveaux démiurges de la Silicon Valley dont Raymond Kurzweil et son Université de la singularité veulent vaincre le trépas à coups de milliards de dollars : il suffit d'y mettre le prix. « La mort me met vraiment en colère, elle n'a aucun sens », dit Larry Ellison, cofondateur de la firme Oracle et 7e fortune mondiale[1]. « Je fais le pari que le vieillissement est un code, un code qu'il suffit de craquer et de pirater », dit de son côté John Yunis, patron d'un fonds d'investissements. L'immortalité ou plutôt l'amortalité devient ainsi la revendication des plus fortunés, avides de détenir cet ultime privilège.

Annoncer la mort de la mort à brève échéance (alors que d'autres nous annoncent la fin du monde) laisse perplexe à plus d'un titre. Ces prédictions tonitruantes risquent fort, comme le disait Hegel de l'éru-

1. Julie de la Brosse, « Démiurges et milliardaires », *L'Express*, 10 août 2017.

dition, de viser les étoiles et de finir dans le ruisseau. Le fait que le millénaire soit un jour peut-être accessible à chacun le rend-il pour autant désirable ? S'entêter dans l'être, encombrer la planète de sa présence pour des siècles, est-ce bien nécessaire ? On ne peut s'empêcher de penser au paradoxe d'Ulysse : recueilli par la nymphe Calypso à son retour vers Ithaque, à la suite d'un naufrage, il est soigné, nourri, aimé pendant sept ans par celle dont il devient l'amant. Sa belle gardienne lui propose alors le don de l'immortalité. Mais Ulysse, pleurant au bord du rivage, rêve de retourner chez les siens. Calypso le lasse, le forçant à l'honorer toutes les nuits. Même si sa Pénélope n'a pas la splendeur de la déesse, il veut rentrer chez lui, revoir sa terre natale et les siens. L'attraction du familier est plus forte que la séduction de l'inconnu. Zeus prend Ulysse en pitié. Il fait ordonner par Hermès à Calypso de le laisser partir : Ulysse construit un radeau en quatre jours, reçoit parfums et mets abondants de son hôtesse, affronte les flots, subit une autre terrible tempête et retrouve enfin les siens.

On peut lire ce texte d'au moins deux manières : Ulysse, malgré son attirance pour Calypso, marque clairement sa préférence pour une existence périssable, donc limitée. Quant à Calypso, elle ne peut dissimuler, en s'attachant à lui, qu'elle est une immortelle tombant amoureuse d'un mortel, de la fugacité de la vie. Ce que nous dit Homère est d'une profondeur troublante : les dieux, voués à vivre toujours, à la fois invisibles et omniprésents, seraient jaloux de la mortalité des hommes. Jésus lui-même, en se faisant homme sur terre, n'a-t-il pas manifesté son amour de l'Incarnation, témoignant de la grandeur de l'éternité dans le temps mais aussi de la valeur du temps pour ceux qui sont incréés ? Ce sont des larmes humaines qu'il a versées sur la croix. Répondant aux « esprits volages » qui demandent : « Que faisait Dieu avant de faire le ciel et la terre ? », saint Augustin rétorque que la question n'a pas de sens puisque Dieu, auteur de tous les temps, ne peut avoir fait un temps d'avant le temps, puisque pour Lui, faute de temps, « il n'y avait pas d'alors » ni de « jamais »[1]. Reste que la question n'est pas absurde. Officiellement l'Univers tel que nous le connaissons a été créé par le Tout-Puissant pour rendre l'éternité désirable. Et si c'était l'inverse ? Si Dieu avait inventé le monde par fatigue de son statut ? N'est-il pas tombé amoureux de sa création alors même qu'il incite ses créatures à tout faire pour le rejoindre au Paradis ? Et si son omnipotence était sa faiblesse, si le devoir des hommes était d'aider Dieu à mourir ? C'est la brièveté de l'existence qui est le vrai miracle, non les constructions fantasmagoriques des religions nous promettant la béatitude, c'est-à-dire, de notre point de vue, un engourdissement sans fin. Les délices de l'Eden sont moins délicieuses que la fugace destinée humaine. S'il y a une éternité, elle est ici et maintenant, où nous vivons.

---

1. Augustin, *Confessions*, Livre XI, Le Seuil, traduit par Louis de Mondadon, 1982, pp. 311 et 328.

La chance de mourir un jour ?

Dans l'histoire des idées, on distingue en général trois formes d'immortalité : celle du peuple pour les juifs, de la cité pour les Grecs, de l'individu pour le christianisme[1]. C'est à cette dernière que se rattache notre époque même si elle favorise une immortalité sans dieu ni réconciliation, une simple durée illimitée. Pour être plus précis, il s'agit plutôt d'hyperlongévité car même un humain vieux d'un millénaire finirait par s'éteindre. Au Moyen Âge, la mort n'était pas le terme de la vie, juste un passage vers le Créateur : la terreur d'être mis face à Dieu, d'endurer le châtiment éventuel de ses fautes, devait effacer la peur de s'éteindre. La fin était la porte étroite du salut ou de la damnation : on perdait ses maigres biens terrestres, avec l'espoir d'en acquérir d'autres, plus essentiels et ce pour toujours. L'épouvante était atténuée par la perspective du rachat.

Ce qu'a d'unique l'idée d'éternité, et sa réinvention par le christianisme, c'est qu'elle accorde à chacun de nous, si misérable soit-il, une place au soleil. La persistance de ma petite personne, au-delà de la parenthèse terrestre, est une annonce fulgurante. Le simple fait d'être né me gratifie d'une durée potentiellement

1. Les Grecs subdivisaient l'immortalité en trois parties, la plus grossière, l'engendrement sexué, la plus héroïque, la gloire du combattant, la seule authentique, la contemplation de la sagesse pour Platon comme pour Aristote.

sans limites si je passe le « test » du Jugement dernier. L'épreuve est atténuée, il est vrai, par la longue digression du Purgatoire, cette salle d'attente du Salut où les âmes des défunts patientent en attendant que l'on statue sur leur sort. Autre invention de génie : le Christ est mort en pleine gloire, à 33 ans. Un Jésus, octogénaire et chenu, aurait fait mauvaise impression. Autant Dieu le père est un vieillard solennel et terrible, autant la crucifixion de son fils dans la force de l'âge est une trouvaille narrative grandiose. Les Évangiles ont donné une assise religieuse au mythe de la jouvence éternelle. Paradoxe du christianisme : *pour connaître la vie éternelle, tu dois commencer par mourir.* Alors Dieu pèsera les âmes, les intercesseurs délivreront leurs plaidoiries, le Juge suprême rendra ses arrêts. Un sens est offert aux hommes avec la possibilité de se racheter en cas d'égarement. La mort est purification qui permet de dégager l'essentiel de l'accessoire. Mon avènement sur terre n'est plus un simple accident, ma naissance contingente m'installe à jamais dans la grande famille des ressuscités potentiels. Le séjour ici-bas est un pèlerinage de la Chute à la Rédemption.

Quant à l'immortalité profane, pour l'instant une hypothèse, elle n'est pas forcément réjouissante. Certaines promesses s'apparentent à des malédictions. Dans ses *Voyages de Gulliver*, Jonathan Swift nous montre son héros croisant une peuplade d'immortels, les *Struldbruggs* : ils sont seuls et malheureux car privés de leurs droits civiques à partir d'un certain âge (80 ans) et réduits à l'état d'êtres déchus avec une pitance quotidienne minimale.

Le compositeur tchèque, Leoš Janáček compose en 1925 un opéra intitulé *L'Affaire Makropoulos*, tiré d'une pièce de Karel Čapek. Le motif en est le suivant : la cantatrice Emilia Makropoulos, née au XVIe siècle, a servi de cobaye auprès d'un magicien, créateur d'un élixir de vie. Toujours fraîche, trois siècles plus tard, toujours désirable, avec une voix d'une pureté inaltérable, elle se sent lasse de ne pouvoir vieillir et mourir. Elle consume les personnes qui l'entourent par sa longévité et sa désinvolture. Elle survit sans attachement « au milieu des choses et des ombres », ses enfants comme ses amis lui étant indifférents. « Vous allez mourir, vous autres, vous avez de la chance », dit-elle aux êtres normaux qui l'entourent. « Ô Seigneur, ouvrez-moi les portes de la nuit, Afin que je m'en aille et disparaisse [1]. » La vie sans l'horizon de la mort n'est qu'un long cauchemar et, de toutes les formes d'ennui, celui des immortels semble le pire. Ils sont condamnés à jamais.

« Aimer ce que jamais on ne verra deux fois [2] » ?

Lors d'une conversation avec un jeune poète, probablement Rainer Maria Rilke, dans un paysage de montagne, Sigmund Freud évoque le passage des

1. Cité in Vladimir Jankélévitch, *L'irréversible et la nostalgie, op. cit.*, pp. 68-69.
2. Alfred de Vigny, « La Maison du berger », *Les Destinées*.

saisons. Le poète n'éprouve aucune joie à la pensée que toute cette beauté est vouée à l'effacement et qu'en hiver, elle aura cessé. Ces choses qu'il voudrait admirer lui semblent dégradées par leur caractère provisoire. Freud lui rétorque que cette fugacité est précisément ce qui en fait le prix et que beauté et perfection ne sont précieuses que de ne pas durer. « S'il existait une fleur qui ne fleurit qu'une seule nuit, le produit de son efflorescence ne nous en paraîtrait pas moins somptueux [1]. » « Supposons, écrit-il ensuite, que vienne un temps où les tableaux et les statues que nous admirons aujourd'hui se soient désagrégées ou que vienne après nous une race d'hommes qui ne comprennent plus les œuvres de nos poètes et de nos penseurs, voire une époque géologique où tout ce qui vit sur terre sera devenu muet ? Notre jouissance de ces choses belles et parfaites n'en serait pas moins légitime. » Les Anciens, parmi lesquels Marc Aurèle, l'avaient déjà pressenti : les plus grandes civilisations seront submergées sous l'oubli, ensevelies dans la poussière. Tout disparaîtra, tout sera perdu, les langues, les espèces, les empires. Tel est le prix à payer pour avoir surgi un jour dans l'histoire.

Où Rilke exprime la mélancolie de la caducité, Freud exalte l'allégresse du périssable. Pour prolonger leur dialogue, imaginons un instant que les

1. « Éphémère destinée », in *Huit études sur la mémoire et ses troubles*, Gallimard, Connaissance de l'Inconscient, 2010, pp. 121-124.

vœux de Rilke soient exaucés : les beautés de la nature ne passeraient pas, ni celles de la culture. La vie serait un printemps perpétuel. Tout ce qui a été édifié un jour serait maintenu. Oublier, estomper, remplacer serait devenu impossible, les siècles passés demeureraient présents dans une rétention éternelle. Les constructions de toutes les cultures de tous les temps s'empileraient les unes à côté des autres. À la tristesse de l'irrévocable succéderait le désespoir de l'interminable. Nous serions colonisés et habités par l'intégralité des civilisations antérieures et des événements vécus depuis notre enfance. Si tout ne sombrait pas, y compris nous-mêmes un jour, la vie serait intolérable, la permanence aussi affreuse que l'éclipse. Il y a une poignante grandeur de ce qui ne dure pas, sinon dans le clignotement de la révélation fugitive, dans la convergence de l'instant et du toujours. Ce qu'exprime bien ce poème de Jacques Prévert :

« Des milliers et des milliers d'années
Ne sauraient suffire
Pour dire
La petite seconde d'éternité
Où tu m'as embrassé
Où je t'ai embrassée
Un matin dans la lumière de l'hiver
Au parc Montsouris à Paris
À Paris
Sur la Terre

La Terre qui est un astre. »
(« Le jardin », *Paroles*).

S'il y a une tristesse paradoxale des ruines, c'est qu'elles incarnent, à l'échelle minérale, la pétrification qui nous guette sur le plan moral, *le triomphe du temps mort sur le temps vivant.* Tout Européen fervent est saisi un jour ou l'autre à Rome, Prague, Venise, Vienne, Athènes, Cracovie, Grenade par le syndrome de Stendhal : une sensation d'étouffement devant un trop-plein de chefs-d'œuvre. L'hypertrophie du monde d'hier, les grands mausolées gréco-romains, arabo-andalous, austrohongrois, toutes ces pierres dans leur splendeur, ces palais, ces châteaux, ces basiliques nous écrasent. Sans compter ces gigantesques musées contemporains où l'on souffre d'une véritable indigestion de chefs-d'œuvre. Ces merveilles baroques, gothiques, romanes ne nous disent pas : Osez ! Elles nous figent en serviteurs de l'immémorial ou en simples consommateurs du temps jadis. Face à ces constructions sarcophages, on est pris de l'envie contradictoire de les préserver et de les profaner. On est partagé entre la piété de la conservation ou le sacrilège de la dégradation. C'est le travail de l'éducation que d'arracher ces pierres mortes à la seule archéologie, afin de les métamorphoser en édifices vivants. Il s'agit d'en refaire le cœur battant de nos villes, de nos nations, de les intégrer aux temps actuels. Il faut à chaque génération spiritualiser à nouveau les grands monuments si l'on ne veut pas qu'ils sombrent dans la commémoration ou le panurgisme touristique. On n'en finit jamais de se réapproprier le passé.

Telle est la tragédie de l'existence humaine : nous devons pactiser avec ce qui nous anéantit, admettre le regret et la perte comme consubstantiels au bonheur d'être. La mélancolie de ce qui passe n'est peut-être rien comparée au malheur de ce qui ne passerait jamais et nous encombrerait de sa présence à perpétuité.

Je me dis seulement :
« À cette heure, en ce lieu,
Un jour, je fus aimé, j'aimais [1] (…) »

Les martyrs de l'endurance

L'utopie d'un homme augmenté et non mortel ne date pas d'aujourd'hui. D'innombrables méthodes ont été au cours des siècles tentées par les prophètes de la longévité : injection de sang jeune, élixirs de vie, restriction calorique, végétarisme strict, sérum magique, yaourt bulgare, DHEA, etc. [2]. Faute d'un traitement miracle qui garantirait à chacun de nous, par régénération des

1. Alfred de Musset, « Souvenir », *Revue des Deux Mondes*, 1841.

2. Sur le sujet voir l'excellent livre de Lucian Boia, *Quand les centenaires seront jeunes*, Les Belles Lettres, 2006.

cellules ou cryogénisation, une vie de centenaire, il reste l'autre méthode : la privation systématique. Auguste Comte au XIXe siècle s'imposait déjà des règles terribles : limiter les excitants, tabac, café, alcool, nourriture, mesurer ses rations alimentaires, se priver de sexe, « le plus perturbateur de nos instincts [1] ». Hélas le fondateur du positivisme ne devait pas dépasser 59 ans, maigre résultat pour un effort aussi ardu. Le principal argument que l'on puisse opposer aux militants de l'immortalité, c'est qu'à force de ne plus vouloir mourir, ils en oublient de vivre. La préservation des cellules et des tissus, la reconstruction des pièces défectueuses à la façon d'un mécano, les bio-tests réguliers, la re-programmation des cellules, les implants intelligents risquent d'absorber toute l'énergie et de nous détourner de la vraie question : que faire de son temps libre ? Tenter de se prolonger par tous les moyens, se priver d'alcool, de bonne chère, d'amour, diminuer ses rations caloriques, « alléger l'assiette pour allonger la vie », se soumettre à des supplémentations quotidiennes, vitamines, cellules, sang à la manière d'un Dracula méthodique, c'est s'interdire de vivre pour survivre à tout prix, au-delà de cent ans. La longévité est certes le fruit d'une loterie génétique et d'un tra-

1. Cité in Jean-François Braunstein, « Auguste Comte, la Vierge Mère et les vaches folles. Les utopies biomédicales du positivisme », in Lucien Sfez (dir.), *L'Utopie de la santé parfaite, Colloque de Cerisy*, PUF, 2001, pp. 289-299.

vail sur soi mais elle évoque parfois les fustigations de l'ascète à l'époque chrétienne. Avouons que nous sommes tous partagés entre l'envie de profiter pleinement de nos jours et celle de s'épargner pour se prolonger. Il y a ceux qui veulent tenir et ceux qui veulent sentir et la plupart d'entre nous voulons les deux. Le « dur désir de durer » (Paul Éluard) devient une valeur canonique même si on doit la conquérir au prix de terribles restrictions : tel cet étudiant américain, héros d'un reportage télévisé à la fin du XXe siècle, qui ne prenait qu'un repas par jour, à base de céréales et de jus naturels, ne buvait jamais une goutte d'alcool, ne faisait pas l'amour, évitait de se masturber, activité hautement périlleuse, afin d'atteindre l'âge canonique de 140 ans. Il avouait, derrière une silhouette famélique, un terrible cafard. Tels sont de nos jours les nouveaux martyrs de l'immortalité. Ils s'obnubilent sur les moyens de prolonger la vie sans s'interroger sur le sens de cette prolongation, sans voir qu'ils transforment leur présent en enfer. Comme le dit Cicéron, « même une vie courte a une durée suffisante pour être belle et bonne [1] ». Quel est votre secret, demande-t-on avec gourmandise aux centenaires, hommes ou femmes ? Les réponses fusent invariablement : bien rire, bien manger, bien boire, aimer à foison, fumer le cigare, ne se priver de rien. C'est exactement ce que je fais et je me sens de plus en plus mal. La Faculté me

1. Cicéron, *De la Vieillesse*, *op. cit.*, p. 45.

conseille d'arrêter sur-le-champ si je veux passer l'année. Mais qui sont ces gens qui s'autorisent tout ce qui m'est interdit ? D'ou viennent-ils ?

Gagner du temps : cela voulait dire jusque-là se garder des moments disponibles sur des tâches harassantes, serviles. Désormais cela signifie productivisme acharné, accumulation maniaque de jours arrachés au calendrier. C'est en quelque sorte mourir à la tâche de vouloir demeurer pour toujours. L'existence, pas plus que l'amour, n'est une course de marathon où l'on doit tenir le plus longtemps possible à coups de restrictions, de check-up mais une certaine qualité de liens, d'émotions, d'engagements. Quand elle se réduit à la simple rumination de nos organes, à un rafistolage permanent, a-t-elle encore la moindre valeur ? Quoi de plus triste que ces maisons de vieillards qui attendent la fin, remâchant leurs souvenirs et qu'on nourrit, habille, lève et lave comme des nourrissons desséchés et radoteurs.

Que l'on veuille abolir le temps, l'oublier ou l'accélérer, quelque chose doit se passer dans le cœur des hommes qui soit de l'ordre du bouleversement, de l'inattendu. Intensité ou prolongation : telle est l'alternative, évidemment intenable. *La platitude de longues années sans saveur ou la plénitude d'un temps véritablement vécu.* Le risque étant qu'en lieu et place de l'immortalité, nous n'ayons qu'un délabrement sans grandeur. Quelle malice dans cette réflexion toujours tirée du même roman d'Italo Svevo : « Pourquoi continuez-vous de fumer, malgré le danger ? — J'ai peur de ne pas mourir. » Et souvenons-nous de Serge Gainsbourg qui fuma, par plaisir, jusqu'au bout, de deux à cinq paquets quotidiens, malgré quatre crises cardiaques (la cinquième l'emportera en 1991).

Le zombie en nous

Il est des périodes où nos existences s'atrophient et semblent spirituellement désactivées, pareilles à ces zombies des films d'horreur, âmes défuntes, marionnettes sans cerveau ni passion, animées d'un appétit insatiable pour la chair fraîche. Ces monstres, apparus dans la peinture occidentale dès la Renaissance et dont le nom vient d'Haïti, nous fascinent : ils incarnent une sorte d'immortalité grotesque puisqu'ils ne peuvent ni vivre ni mourir, juste dévorer tout ce qui bouge et remue. Qu'est-ce qu'un zombie ? *Au cinéma, un mort qui ne sait pas qu'il est encore vivant, dans la réalité, un vivant qui ne sait pas qu'il est déjà mort.* C'est un être privé de parole : il ne connaît que le gémissement rauque, une plainte sans fin qui signe son lot de créature damnée. En lui, tel qu'il a été fixé pour nous par le film de George Romero [1], se mêlent stupeur et férocité. C'est une âme en peine qui peut rester prostrée des années durant et se réveiller soudainement quand des êtres vivants, animaux ou humains,

1. *La Nuit des morts-vivants*, George Romero, 1968.

s'approchent ou font du bruit. Il mange, jamais rassasié, et mange salement, avec les doigts rongés, laissant dégouliner tripes et boyaux sur sa face ravagée à la manière d'un charognard sans manières. Créature en putréfaction qui n'atteindra jamais l'apaisement d'un squelette, il éveille une espèce de romantisme morbide de la pourriture.

L'équivalent du zombie de nos jours, ce sont ces néomorts au statut juridique flou, conservés à des fins de transplantation, légalement des cadavres chauds ou froids mais encore animés de quelques fonctions vitales[1]. Le zombie est aussi un être distrait qui s'est trompé de date et revient avant terme, parodiant la résurrection promise à la fin des temps. Il faut le tuer à nouveau, si possible détruire son cerveau pour qu'il repose en paix et laisse les autres tranquilles. Le Livre des morts égyptiens soutient qu'on meurt toujours deux fois, une première quand l'âme quitte le corps, une seconde quand meurt la dernière personne à se souvenir de vous. On ne s'efface pas à la même vitesse dans la mémoire de ceux qui vous chérissent et si certains vous gomment vite, malgré un chagrin bruyant le jour de votre

---

1. Maxime Coulombe, *Petite philosophie du zombie*, PUF, 2012, p. 71. Voir également Nicole Lafontaine, *La Société postmortelle*, Le Seuil, 2008, sur les nouvelles frontières de la mort cérébrale et la transformation du trépas en une décision administrative, pp. 86-87. Le cerveau est vu désormais comme le noyau de l'individu. Le mourant intubé et branché sur des machines est le véritable cyborg d'aujourd'hui, pp. 83-85.

décès, d'autres continuent à vous regretter. Nous ne mourons pas exactement le jour de notre mort, soit avant, soit après, quand le deuil de nos descendants nous installe dans la grande chaîne des trépassés. Combien d'artistes, de chanteurs, d'acteurs, d'hommes politiques ont disparu de leur vivant, n'évoquant pour leurs contemporains qu'un cruel : je le croyais mort depuis longtemps ? Quand Napoléon décéda le 5 mai 1821, il s'écoula près de deux mois avant que l'Angleterre et la France ne l'apprennent. Les réactions furent mitigées. « Ce n'est plus un événement, c'est une nouvelle », prononça Talleyrand. Il est terrible de survivre à sa carrière, à sa réputation sans être porté par elle ; d'où l'entêtement admirable de certains comédiens à mourir sur scène, de cela même qui les nourrissait, les transcendait.

Nous nous comportons souvent, sans le savoir, comme des cadavres doués de paroles et dont le ressort est brisé, juste mus par une mécanique sans souffle. Grand défi pour chacun à tout âge : savoir se soulever contre le désert moral qui le submerge, conjurer la disparition prématurée. Le pire n'est pas de passer un jour, c'est de n'être jamais parvenu à vivre quelque chose d'essentiel dans l'ordre de l'amour ou de l'attachement. Vient un moment où, sur ce que l'on est, pèse le poids de ce que l'on a été. C'est un fardeau parfois considérable que nous aimerions déposer comme un bagage trop lourd.

VIEUX POUPONS ET JEUNES RADOTEURS

Qu'est-ce que la génération des baby-boomers ? Celle qui a exalté la jeunesse, théorisé le refus de l'autorité, la fin des hiérarchies et du pouvoir paternel. Celle aussi qui a balayé toute règle ou tabou au nom de la toute-puissance du désir, convaincue que nos passions, même les plus incongrues, sont innocentes et que les multiplier sans fin, c'est approcher au plus près de l'allégresse, de la grande joie. Mais cette génération indulgente n'a rien voulu enseigner à ses enfants que le refus de l'autorité assimilée à l'arbitraire. Elle fit de sa carence un dogme, de son indifférence une vertu, de ses démissions le nec plus ultra de la pédagogie libérale. Suprématie des papas potes, des mamans copines, niant toute différence entre eux et leurs enfants et n'offrant à ceux-ci qu'un credo ultra-permissif : fais ce qu'il te plaît. Ce pourquoi ces « adultes juvéniles » (Edgar Morin) n'ont pas équipé leurs petits pour les tâches qui les attendaient et, croyant accoucher d'une humanité nouvelle, ont fabriqué des anxieux, souvent tentés par le conservatisme. De là, chez leur progéniture, une demande d'ordre, un raidissement moral, un besoin de repères à tout prix : les jeunes vieux exigent de leurs pères et mères Peter Pan qu'ils assument enfin leur âge et leurs responsabilités. Mais ventripotents, dégarnis, myopes, les enfants du baby-boom, souvent devenus notables et rangés, restent rivés à leurs chimères. Vieux galopins jusqu'à la tombe, côte à côte avec de jeunes angoissés qui se vieillissent prématurément, conscients que leurs parents, en refusant de grandir, leur ont volé leur jeunesse.

On voit ainsi des post-adolescents de 30 ans pantoufler chez leurs géniteurs (aussi pour des raisons économiques). Sans parler de ces djihadistes, souvent issus de familles sans père et qui offrent leurs services à des satrapes sanglants lesquels, au nom de Dieu, leur commandent de prendre les armes, de mettre les femmes en esclavage et de tuer, de tuer sans fin pour gagner leur paradis. Bel exemple d'une anarchie totale qui se renverse en asservissement suprême. (Qu'est-ce qu'un anarchiste ? Un nostalgique du pouvoir absolu qui hurle « Ni Dieu ni maître » faute de trouver un despote qui lui brise la nuque). Si chaque classe d'âge s'élève sur le meurtre symbolique de la précédente, les garçons et les filles d'aujourd'hui, dans leur majorité, ont été privés de cet avantage. C'est le drame des éducations trop libérales, fondées sur l'égalité absolue entre générations, que de ne pas être des éducations. On a coupé la transmission comme on coupe une ligne de téléphone.

Dernier exemple en date : la promotion de cette jeune Suédoise Greta Thunberg, 16 ans, en héroïne de la lutte contre le réchauffement climatique. Proposée pour le prix Nobel, reçue par de nombreux chefs d'État et par le pape, elle entraîne dans son sillage des dizaines de milliers de lycéens, pleure pour la planète et offre son visage anxieux, encadré de deux tresses, en symbole du désastre à venir. Mais notre Pythie scandinave, croisement de Fifi Brindacier et de Jeanne d'Arc, se contente de reprendre ce que les médias nous serinent depuis des années : à savoir que l'aventure humaine est finie, que l'apocalypse est proche. Étrange ventriloquie : on s'extasie de retrouver chez elle et ses *followers* les inquiétudes qu'on leur a inculquées et on se pâme devant cette écholalie infantile. Les petits perroquets nous grondent par procuration, nous donnent une bonne leçon que nous devrions méditer. Mais c'est une simple chambre d'échos et l'on retrouve chez le peuple puéril les mots qu'on lui a mis dans la bouche, par un endoctrinement continu. Ce nihilisme à visage poupon est directement inspiré par les sectes catastrophistes. La propagande de la peur fait des ravages chez nos petits à qui l'on représente jour et nuit que le globe va prendre feu et les cataclysmes nous détruire. Au nom du juste combat contre le dérèglement climatique, on crée des générations terrifiées et ce faisant on leur dérobe leur insouciance. On les mobilise moins qu'on ne les tétanise. Le droit à la confusion des âges pour tous, c'est l'impossibilité faite aux enfants de vivre leur enfance. La « grève mondiale pour l'avenir » se produit au moment où l'on explique à la jeunesse qu'elle n'en a plus, que l'effondrement général a commencé. Si le souci environnemental est universel, la maladie de la fin du monde est purement occidentale et en dit long sur notre culture.

Notre époque privilégie un seul rapport entre les âges : le pastiche réciproque. Nous singeons nos bambins qui nous copient. Quand les adultes rêvent d'immaturité, c'est aux enfants que revient la charge écrasante de se conduire en responsables. Mais cette responsabilité leur est dictée par des professeurs de panique qui les terrorisent au lieu de les aider à affronter l'avenir. L'endoctrinement du désespoir fait des ravages sur des cerveaux fragiles et influençables. Ce n'est plus de l'éducation, c'est une malédiction, un mauvais sort qu'on jette aux nouvelles générations à l'orée de l'existence.

CHAPITRE 10

L'immortalité des mortels

Il n'y a qu'un avantage à tomber malade jeune, voire très jeune, c'est qu'on est moins surpris ensuite quand, l'âge venant, il faut se soigner, s'interdire certains excès. Lorsque la mort s'est invitée dès les premières années, elle donne aux jours qui suivent une saveur particulière. On connaît la musique pour ainsi dire, l'inépuisable fécondité de la douleur, la vie hospitalière, les rechutes, les rémissions. On a fait l'expérience de la vulnérabilité, on n'a pas l'impression de déchoir ensuite quand on doit se ménager. L'enfant souffreteux fait souvent un adulte solide. Se souvenir de tous les maux auxquels on a échappé renforce notre confiance à surmonter les prochains. Et l'on se dit comme Ulysse : « Tiens bon, mon cœur, tu enduras déjà épreuves plus cruelles. » On a frôlé le pire, on a surtout connu la joie d'en sortir : la convalescence s'apparente à un bonheur négatif qui est d'abord l'absence de malheur. Plaisir fou de retrouver l'usage de ses membres si on en a été privé, de redécouvrir la marche, l'appétit, la compagnie des autres. Pour qui sort de l'hôpital, du sanatorium, du confinement dans la chambre sinistre vient ce moment très spécial où *l'ordinaire redevient de l'extraordinaire* : la trame du quotidien, usuelle pour tous, s'est transformée en un idéal précieux. Ce bonheur-là naît d'abord de la disparition du malheur.

Que nous apprennent les maux du corps ?

La maladie nous enseigne au moins trois choses : la prudence, la résistance et la fragilité. Pascal (1623-1662), dans sa *Prière à Dieu pour demander le bon usage des maladies*, la voyait comme une punition divine pour un mauvais usage de la santé. Il la considérait comme une correction nécessaire, un moyen de se détacher des douceurs du monde, des plaisirs trompeurs de l'ici-bas. Elle était à ses yeux un « fléau qui console » et permet au pécheur de retrouver le chemin vers Dieu. C'est d'un œil favorable que le misérable doit considérer les plaies creusées dans sa chair comme le Christ a souffert pour racheter les péchés de l'humanité. « Et je demande, Seigneur, de ressentir tout ensemble et les douleurs de la nature pour mes péchés et les consolations de votre Esprit par votre grâce. » La maladie constituait, aux yeux de Pascal, un signe divin, une façon de se rapprocher du Créateur par les maux endurés. Il fallait donc remercier Dieu de vous infliger cette épreuve. Il y a dans cette prière pascalienne plus qu'un ascétisme morbide qui révulse : un orgueil de l'élection par la souffrance, la certitude d'être marqué dans son corps par la volonté du Tout-Puissant. Le mal est un message envoyé par ce dernier à son plus fidèle sujet. Il est un langage à déchiffrer avec passion, un évangile particulier ; presque une consolation. Souffrir alors n'est plus souffrir, c'est se réjouir d'avoir été désigné par Dieu comme une créature digne d'intérêt. La peine est une avance sur le Purgatoire, une étape essentielle sur le chemin de la Rédemption.

Reste qu'une maladie, quelle qu'elle soit, fût-ce un simple, un misérable rhume, est plus qu'un accident. C'est une aventure, une autre allure de la vie dont chacun est à la fois la victime et le bénéficiaire. Être à la merci de ses boyaux, de ses bronches, de ses articulations est une belle leçon d'humilité. On « attrape » une maladie née au plus intime et qui finit par nous déposséder de nous-même si elle s'aggrave. La douleur est une pédagogie du déniaisement à condition qu'on la surmonte. Elle nous frappe, nous réveille, nous pourvoie d'une identité, nous assigne à un ordre : on est cardiaque, pulmonaire, on souffre d'arthrite, de sclérose ou de rhumatismes, on fait de l'hypertension ou du cholestérol et l'on partage cette condition avec des milliers d'autres. On se regroupe entre personnes atteintes du même mal, on échange des confidences, des conseils, on se sent moins seul dans la détresse. Ce pourquoi chaque société, chaque culture s'est emparée de nos affections pour les marquer d'un sens différent. Toute atteinte à la santé contraint à inventer une riposte : ce qui abat les uns, galvanise les autres. De là que le romantisme ait élevé chaque pathologie au rang de prélude à l'inspiration : la syphilis chez Baudelaire et Maupassant, l'épilepsie chez Dostoïevski, l'asthme chez Proust, la mélancolie chez Rousseau ou Kafka, le cancer chez Fritz Zorn.

La tuberculose a donné lieu à une impressionnante littérature : Thomas Mann dans *La Montagne magique* n'a-t-il pas décrit le sanatorium de Davos, le *Berghof*, comme un lieu de vacances et de gaieté dont l'atmosphère séduit le jeune Hans Castorp venu, à la veille de la guerre de 1914, rendre visite à son cousin ? Ravi par le lieu et les personnes rencontrées, tombé amoureux de la jeune Clawdia Chauchat, il va finir par rester en altitude, par se soumettre « au principe de la déraison, au principe génial de la maladie », certain que les tuberculeux sont porteurs d'une intelligence particulière que ne connaissent pas les gens de la plaine, les gens du pays plat. Et quand il redescendra, enfin guéri, ce sera pour aller se mêler à la démence belliqueuse de la Grande Guerre conçue par les masses humaines, en principe « saines ». En d'autres termes, « pour accéder à la santé suprême, il faut avoir traversé l'expérience profonde de la maladie et de la mort de même que la connaissance du péché est la condition première de la rédemption » (Thomas Mann). Les bien portants sont des malades qui s'ignorent quand les patients sont déjà éveillés à une conscience supérieure qui rend leur guérison impensable. La frontière entre le normal et le pathologique est brouillée.

Le philosophe et théologien Franz von Baader (1765-1841) ne soutenait-il pas, à la suite du théosophe et mystique allemand Jacob Böhme (1775-1624), cordonnier de son état, que la maladie est l'expression d'une vitalité déréglée, d'une vie qui se retourne contre elle-même et se dévore dans son élan même ?

Au-delà de ces spéculations, la maladie n'est pas tant une élection funeste ou bénéfique qu'une malédiction statistique. Il est inévitable que chacun en soit frappé au cours de sa vie avec un risque accru après un certain âge. Aucune injustice, juste une probabilité : *la maladie est le salaire de la longévité.* Certaines vous protègent de maux plus graves : ce sont des pare-feux dont la récurrence vous évite peut-être d'être frappé d'autres troubles. On n'en guérit pas vraiment, l'on s'en accommode, on les contient. D'autres sont des paravents qui égarent le diagnostic, cachent des altérations plus sérieuses qui se développent dans le silence des organes et vous rongent de façon sournoise. On connaît le dicton : si après 50 ans, le matin vous n'avez pas mal quelque part, c'est que vous êtes mort. La douleur est un certificat de vitalité. C'est l'organisme qui grince, qui proteste et s'insurge. Nous sommes tous à cet égard « les médecins empiriques » de nous-mêmes (Leibnitz), guettant dans notre chair les signes d'amélioration ou de défaillance. Beaucoup, malgré leur âge, persistent à ripailler, boire, bambocher, indifférents aux conséquences. D'autres se préservent, tels ces vieux rockers passés sans transition de la cocaïne au thé vert, du bourbon à l'eau minérale. Certains guitaristes ou chanteurs célèbres, plus ridés que l'écorce d'un séquoia, rescapés de toutes les orgies, toutes les overdoses, semblent alors des monuments en péril qu'aucune souscription ne pourra jamais réhabiliter.

La hiérarchie des douleurs

Jeune, le corps était notre ami, presque un domestique. On ne le ménageait pas, il devait se rétablir de lui-même, se remettre en ordre de marche, il nous stupéfiait par ses réserves, sa puissance. Nous nous sentions invincibles. Il se rebiffe après 30 ans et finit par requérir une attention constante. Le serviteur est devenu un maître exigeant qui nous harcèle et rend plus fine la ligne entre désinvolture et inquiétude. Ai-je raison de m'alarmer ou suis-je un couard ? Je n'ai jamais été malade, dit le fanfaron. C'est le moment de s'inquiéter. Je suis malade depuis toujours et j'ai terrassé tous les miasmes, dit l'autre. Attention de ne pas vous vanter. Les timorés lisent dans le moindre malaise le symptôme d'un désastre qui s'annonce. Ils doivent consulter d'urgence. Une pâleur, une palpitation, un vertige en se levant, un essoufflement, une fulgurance dans l'abdomen sont prémonitoires. Et comme la société, au nom de la prévention, ne cesse de nous mettre en garde contre toutes les pathologies possibles, elle crée des générations entières d'ayants droit paniqués. La prudence devient l'autre nom de l'affolement. À quoi il faut rajouter la catégorie des malades par ouï-dire : ils contractent toutes les affections dont on leur parle, y compris celles de leurs meilleurs amis. Si cela arrive aux autres, cela doit m'arriver aussi…

Peu de gens pourraient vivre sans médecin : non qu'ils soient vraiment affaiblis mais ils ont besoin qu'on s'occupe d'eux, qu'on les écoute. La santé continuelle, la plate, monotone et sempiternelle santé leur serait insupportable. Les praticiens leur doivent attention et écoute, le dévouement le plus admirable ne suffit jamais. Les péripéties du corps meurtri peuvent donner lieu à de subtiles rivalités : combien se glorifient des maux qui les frappent et disqualifient d'un revers de la main quiconque a traversé des épreuves moindres ? « Ton opération n'a duré que deux heures et demie ? Foutaises ! Moi j'ai été sur le billard huit heures d'affilée. Je suis sorti du coma trois fois, j'ai connu l'expérience de la mort rapprochée. » Ce sont des patients ostentatoires. Leurs tribulations leur procurent une stature formidable, ils multiplient les anecdotes effrayantes comme ces soldats qui racontent leurs expériences au feu. Ils appartiennent à l'aristocratie de la détresse et ne tolèrent pas d'être assimilés à de petits malingres sans envergure. Les maux du corps ont leurs quartiers de noblesse et leurs roturiers. La plèbe endure bêtement les travers les plus effroyables, les nobles portent leurs tourments avec dignité, transforment leurs infirmités en médailles honorifiques. Eux sont revenus du royaume des limbes : ils se déshabilleraient presque pour exhiber leur peau couturée de cicatrices, de balafres sinistres qu'ils soumettent à votre appréciation pour vous intimider. Ce sont des écorchés fiers de leurs stigmates, des Christ profanes crucifiés sur l'autel de la Science. Ils vous interdisent de comparer vos tribulations avec leurs épreuves. L'affection qui les frappe les rend intarissables, ils doivent communiquer leur histoire, toutes affaires cessantes. Chaque jour est une nouvelle bataille qu'ils mènent devant témoin, ils tiennent la gazette de leurs traumatismes, font les gros titres. Ils ne veulent pas de notre compassion, ils veulent nous sidérer. Envers du hâbleur : la discrétion du stoïque. Celui-ci pratique l'euphémisme, évoquer de laconiques pépins de santé alors qu'il est au bord de la tombe.

Quant à la gourmandise avec laquelle certains s'informent de vos peines, se proposent de vous aider, elle est suspecte. Ils vous aiment souffrant car ils vous détestaient en pleine santé, ils se sentent moins seuls s'ils vous voient à terre. Votre tourment les réjouit, rend leur peine plus légère. Tomber malade au XXIe siècle, c'est à la fois se féliciter des progrès inouïs de la médecine, du bond en avant qu'elle va effectuer encore avec l'intelligence artificielle, l'immunothérapie, c'est aussi redouter qu'elle ne puisse nous sauver. À une époque où cette discipline tenait encore de la magie ou de la sorcellerie, Montaigne protestait contre ces médecins qui rendent « la santé malade » pour exercer leur autorité et prescrivent toutes sortes d'onguents, de pommades, de régimes afin de garder la main sur leurs patients. Et il comptait sur la coutume et les mœurs pour se conserver en bonne forme sans avoir à consulter la caste des Diafoirus. Rien de plus terrifiant pour nos contemporains que de toucher aux limites de la science. Qu'un mandarin, un grand ponte nous avoue qu'il ne peut plus rien pour nous ou nos proches creuse un abîme sous nos pas. La modernité ne tolère pas l'échec, elle y voit une paresse, de la mauvaise volonté, l'obscénité suprême. Tout comme Montaigne, nous nous savons responsables de notre santé. Indépendamment des aléas du destin ou du capital génétique, on est son propre médecin, son propre libérateur ou fossoyeur. Et quoi de pire, pour un esprit superstitieux, que de voir son généraliste mourir avant soi ? Comme si l'ordre des priorités en était inversé : celui qui était censé veiller sur vous n'a pas détecté le mal qui allait le frapper. Sa parole en est presque invalidée, il était supposé demeurer à votre chevet jusqu'au bout, il vous a trahi. Sans compter ces professionnels qui s'ingénient à donner le mauvais exemple : le pneumologue qui fume et crache ses poumons, le diététicien obèse, le dermatologue brûlé par le soleil, l'ORL sourd comme un pot. Si les docteurs voient dépérir beaucoup de leurs patients, il est des patients qui épuisent des bataillons entiers de praticiens, tel ce nonagénaire amoureux d'un roman de Gabriel Garcia Márquez qui enterre les uns après les autres toute une famille de médecins, du grand-père au petit-fils, et survit, bon pied, bon œil, à leur diagnostic [1]. Quel est à cet égard notre docteur préféré ? Celui qui nous annonce que nous n'avons rien, qu'il s'agit d'une fausse alerte. Nous sortons de son cabinet, soulagés, jusqu'à ce qu'une petite voix nous suggère perfidement qu'il s'est peut-être trompé : il serait plus sage de consulter ailleurs pour confirmer ce premier avis. Pour le torturé, l'angoisse est sans fin : elle dramatise ses jours, elle lui est devenue indispensable pour donner du relief à sa vie.

En définitive, il y a une joie indéniable à sortir d'une infection, joie, dirait Spinoza, de savoir détruite une chose haïssable, de parler d'un danger dont on se sait délivré. Il n'est rien que nous n'admirions plus qu'un rescapé qui a survécu à un accident, une avalanche, un tremblement de terre, qu'un handicapé qui recommence à marcher, un agonisant qui sort du coma, autant d'exemples qui défient la science surtout quand elle les avait condamnés. Ce sont des miraculés qui nous aident à supporter notre condition, égayent nos humeurs les plus sombres d'une lueur d'espérance déraisonnable. Merveilleuse sensation d'avoir frôlé l'abîme et d'en être réchappé. Retrouver l'usage de ses membres, de son corps, de ses forces, se relever du lit de douleur, échapper à la dépendance humiliante aux autres est un moment

1. *Mémoire de mes putains tristes*, traduit par Annie Morvan, Grasset, 2005.

délicieux qui nous replonge dans le bien-être ordinaire. On en revient tout étonné d'être encore vivant et l'on se dit : je suis plus fort que je le pensais. Si j'ai pu affronter cela, je pourrai mener d'autres guerres, mobiliser de nouvelles ressources. *Le seul sens de la maladie c'est de la combattre*, même si elle devient avec le temps un double entrelacé à nos vies. On la tient à distance bien que l'on devine la lutte sans issue. La douleur ne nous apprend rien, ne nous rend pas meilleur. L'on se soigne sans espérer guérir, juste ajourner le désastre. Le spectre de la fin nous rend la lumière de chaque jour plus lumineuse.

Il y a à cet égard *un optimisme tragique* qui naît de notre dialogue avec la vie quand elle nous rend, au terme d'une longue lutte, la confiance que nous lui portons. Nous affrontons les fléaux avec résolution et modestie, déterminés à ne pas plier le genou. Le citoyen contemporain est un sujet souffrant révolté contre sa souffrance. Sa fragilité est aussi son atout dans une communauté d'inquiétude féconde qui le relie aux autres patients. Ce qui distingue les personnes à tout âge, c'est l'énergie qu'elles déploient et qui les porte. Tel semble un chêne qu'une vétille abat, tel autre qu'on avait déjà enterré, survit à toutes les agonies et s'obstine dans l'être, toujours vif.

Piètres consolations

Dans le huitième livre de ses *Mémoires d'outre-tombe*, Chateaubriand raconte comment, au retour de l'Amérique du Nord, en 1792, il échappe de peu à une tempête entre l'Angleterre et la France. « Je n'éprouvais aucun trouble durant ce demi-naufrage et ne sentis point la joie d'être sauvé. Mieux vaut déguerpir de la vie quand on est jeune, que d'en être chassé par le temps[1]. » Voilà bien une réflexion de bravache, certain d'avoir l'éternité devant soi. Le dégoût de l'existence, à 20 ans, paraît un luxe d'enfant gâté. Combien plus profonde cette remarque de Jean Paulhan : « J'espère vivre jusqu'à ma mort » et qui rappelle cette plaisanterie des dissidents du bloc soviétique : « Le Parti nous dit qu'il n'y a pas de vie après la mort, que la religion est l'opium des peuples. Mais y a-t-il une vie avant la mort ? » Remarquons à cet égard que les djihadistes, eux, ne croient pas à la vie avant la mort : ce sont des *biophobes*. L'existence, telle qu'elle est, imprévisible, inopinée, les terrifie. Ils veulent en sortir au plus vite, en tuant un maximum d'innocents et rapporter une belle moisson de cadavres à leur Dieu sanguinaire. Ils se font exploser pour être exemptés de l'incertitude, c'est-à-dire de la liberté.

Face au scandale de la mort, la philosophie, aussi féconde en calmants que les religions, a inventé toutes sortes de subterfuges, dont le genre des Consolations dans l'Antiquité qui a donné lieu à de véri-

1. *Mémoires d'outre-tombe*, Garnier Flammarion, 1982, p. 359.

tables chefs-d'œuvre[1]. De quoi s'agit-il? D'affronter l'adversité à l'avance pour mieux la désarmer quand elle frappe. De se mettre sous les yeux, par un exercice spirituel de préparation, la *praemeditatio*, toutes les sources de souffrances et de difficultés possibles afin de ne pas se laisser surprendre quand elles surviennent[2]. Il faut se préparer au malheur réel par le malheur imaginaire et enrayer la crainte de la mort, de la maladie, de la dèche par leur simulation pour mieux les désamorcer. Par exemple dormir à la dure, se nourrir de pain gris et d'eau fraîche, porter des vêtements grossiers, faire des séances de pauvreté fictive pour ne pas redouter la perte des richesses. «Habitue-toi à tout ce qui te décourage[3]», dira Marc Aurèle. Il faut imaginer le pire pour l'accueillir sans ciller quand il survient. Sénèque cite le cas de ce général romain, Pacuvius, conquérant de la Syrie, qui se faisait enterrer chaque soir après des libations et des repas de funérailles comme s'il allait mourir dans la nuit. Il mimait le trépas, sous les applaudissements des convives, et cette pantomime lui était prétexte à débauches perpétuelles. «Ce que cet homme faisait par mauvaise conscience, nous, faisons-le par bonne conscience, et, au moment d'aller dormir, disons,

1. Comme Boèce, *Consolation de Philosophie* (journal d'un condamné à mort écrit en prison par un poète latin du VIe siècle), Rivages Poche, 1989, préface de Marc Fumaroli.

2. Par exemple *Consolations* de Sénèque, Rivages Poche, 1992.

3. Marc Aurèle, *Pensées pour moi-même*, Garnier Flammarion, 1999, p. 194.

plein de joie et de gaieté: “J'ai vécu et j'ai parcouru la carrière que m'avait donnée la fortune.” Si le dieu ajoute un lendemain, recevons-le avec joie[1]. »

Avouons qu'un tel viatique est propice aux pires insomnies. On anticipe les détresses possibles pour éviter d'être pris au dépourvu si elles nous touchent. Quelle que soit notre sagesse, nous sommes toujours surpris par la maladie qui nous atteint, par les revers subis, la mort que nous savons inéluctable. Le stoïcisme est un fatalisme volontariste: il faut accueillir avec joie, comme conformes à l'ordre du monde, les épreuves les plus douloureuses. « Ne demande pas que ce qui arrive arrive comme tu le veux. Mais veuille que les choses arrivent comme elles arrivent et tu seras heureux[2] » (Épictète). Le scénario du pire, entretenu par les grands tourmentés, est encore de l'ordre de la conjuration: croire que l'abominable ne se produira pas puisqu'on l'a imaginé. L'angoisse préventive est une forme perverse d'optimisme. Lors du grand débat qui a eu lieu en France en 2019, des militants ont proposé que les élus fassent des stages de pauvreté obligatoire pour se sensibiliser à la condition des exclus. Mais une brève expérience de la mouise, loin de nous éveiller, peut surtout nous rendre l'aisance encore plus désirable et la pauvreté plus haïssable. Quant aux exercices de douleur ou de privation simulée, préconisés par les Anciens, ils n'aident en

---

1. Sénèque, *Lettres à Lucilius*, lettre 12, *op. cit.*, p. 74.
2. Épictète, Manuel, Garnier Flammarion, 1964, p. 210.

rien à supporter les infortunes réelles quand elles nous arriveront. Prévoir dans le détail le mal qui va nous frapper ne nous a jamais prémunis contre lui. La désolation n'est pas atténuée par son anticipation. Quand elle se produit, nous sommes bousculés, scandalisés.

La certitude de mourir un jour transforme la vie en tragédie et en passion : l'impermanence de toutes choses accroît notre volonté de mordre l'existence à pleines dents. Dès qu'un enfant est né, il est assez vieux pour mourir, dit un proverbe allemand ; mais à l'inverse, répond la modernité, on est toujours trop jeune pour mourir puisque la science et la médecine ont reculé les frontières de la fin et que l'on s'indigne de partir à tout âge. Dès 1886, Léon Tolstoï remarquait dans un court roman, *La Mort d'Ivan Ilitch*, à quel point le trépas était devenu pour la société de son temps une contrariété nauséabonde, non dénuée d'indécence[1]. Sigmund Freud, à son tour, notait en 1915, en pleine guerre mondiale, que les sociétés n'acceptent plus le caractère naturel de la mort et la rabaissent au rang d'un accident fortuit dû à la maladie, à l'infection. Mourir a cessé

---

1. « L'acte terrifiant, horrible qu'était sa marche vers la mort était, il le voyait bien, rabaissé par tout son entourage, au niveau d'un désagrément passager, non dénué d'indécence (un peu comme on se conduit vis-à-vis de quelqu'un qui sent mauvais lorsqu'il entre dans un salon) », Tolstoï, *La Mort d'Ivan Ilitch*, traduit par Françoise Flamant, Folio Gallimard, 1997, p. 129.

d'être normal et ce depuis longtemps[1]. Il aurait pu en être autrement, nous aurions pu grignoter un ou deux ans et c'est cela l'insupportable. Pire que la mort est l'incapacité physique et mentale du vieillard qui végète des années à l'hospice. La maladie invalidante, celle qui vous raye de l'humanité et vous transforme en légume bavotant et crachotant est plus atroce que la disparition. C'est elle qui nous épouvante à juste titre. L'angoisse classique opposait des croyants imparfaits à la perspective d'un châtiment éternel dans les flammes. La terreur moderne, c'est la survie interminable sur un lit d'hôpital dans la diminution de toutes les facultés, à la merci d'autrui.

Encore un instant, monsieur le bourreau

La mort n'est pas un mal, écrivait saint Augustin, quand elle succède à une belle vie, elle ouvre aux portes du Paradis, c'est-à-dire à la délivrance du péché[2]. Mais c'est un argument qui ne convainc pas l'incroyant et n'atténue en rien le choc de la fin. N'est-ce pas l'inverse qui a lieu ? Quand la vie est devenue, comme pour nous, la valeur suprême, à laquelle se subordonnent toutes les autres, le trépas

1. Sigmund Freud, Essais de psychanalyse, « Considérations actuelles sur la guerre et la mort », traduit par André Bourguignon, Rivages, 2001, p. 32.

2. Saint Augustin, *La Cité de Dieu*, Livre I-XI, Points Seuil, 1994, p. 49.

et la douleur paraissent intolérables. Est-il si vrai que l'on meurt mieux quand on a bien vécu « rassasié de jours » ? Qui décide qu'on a bien vécu et que cela suffit ? Autre remontant moral : pour vaincre la mort, il faudrait entretenir l'altérité (Emmanuel Levinas). La phrase est belle mais particulièrement inefficace quand ce sont les êtres que nous aimons, c'est-à-dire l'altérité par excellence, qui disparaissent. Ou encore : « Qu'importe de mourir puisque l'on a évité cette mort qui consiste à passer à côté de la vie[1] ! » Certes, il est terrible de passer à côté de l'essentiel mais le sentiment d'une existence bien remplie ne rend pas la fin moins atroce. Même un destin en rase-mottes répugne à s'effacer. La mort, selon certains, ne serait pas un événement de la vie. Épicure : « La mort n'est rien pour nous puisque lorsque nous existons, la mort n'est pas là et lorsque la mort est là, nous n'existons plus[2]. » Bossuet rétorquera, dans un sermon sublime, qu'elle s'inscrit dans l'air que nous respirons, la nourriture que nous mangeons, dans « les remèdes mêmes par lesquels nous tâchons de nous en défendre » puisqu'elle réside dans la source même de la vie[3].

---

1. Bertrand Vergely, *La Souffrance*, Gallimard, 1997, p. 306. Et encore : « Mourir quand on a vécu, ce n'est pas tout à fait mourir. Car qui a vécu vit encore et vivra toujours en trouvant dans la présence de ce riche passé de la vie la présence même lui permettant de dépasser la mort », p. 260.

2. Lettre à Ménécée.

3. Bossuet, *Sermon sur la mort*, Le Seuil, « Points sagesse », 1997, p. 201.

Le fait est que la mort advient, que nous le voulions ou non, et aucune philosophie ou religion, si généreuses soient-elles, ne peuvent en masquer l'effroi. Nous quittons la scène un jour et le banquet se poursuit sans nous. « Sur le seuil de la Grande Nuit si noire, le sage n'est qu'un pauvre orphelin » (Vladimir Jankélévitch). Tous ces sophismes d'une grande hauteur risquent d'être balayés d'un revers de la main quand arrive l'heure et que celui qui va partir supplie qu'on lui accorde un sursis. Chaque minute pèse alors un siècle, chaque seconde a le tranchant d'un couperet. Encore un instant, par pitié, monsieur le bourreau. Qui ne devient alors, malgré lui, *un mendiant de la prolongation* ? « Un jour viendra qu'un quart d'heure nous paraîtra plus estimable et plus désirable que toutes les fortunes de l'Univers [1] » (Fénelon).

L'éternité est ici et maintenant

En permettant la naissance de nouvelles générations, la mort est gardienne des commencements, préservatrice de la diversité. La grâce de la natalité a pour conséquence la fatalité du trépas qui en autorise l'éclosion. « La naissance des enfants est la mort des parents », disait Hegel dans une formule saisissante. Qu'est-ce qui en nous ne disparaît pas ?

1. Fénelon, Livre de prières avec ses Réflexions saintes pour tous les jours du mois, 27e jour.

En premier lieu la progéniture, comme le signalait déjà Platon dans *Le Banquet* par la voix de Diotime, puisque la procréation, en substituant un individu jeune à un plus âgé, assure la perpétuité de l'espèce choisissant de se maintenir. Avoir des petits, en nombre raisonnable, c'est manifester un amour a priori de la vie dans sa floraison sans fin. Et la propagande anti-nataliste de certains écologistes fanatisés au nom de la « planète » n'est rien d'autre qu'un nihilisme criminel qui voudrait éteindre toute présence humaine. La vie est amoureuse d'elle-même, elle est sa propre raison d'être et jouit de sa prolifération dans la personne des petits, garçons ou filles, qui la renouvellent. L'au-delà désormais, même pour des croyants, c'est d'abord la descendance. Est immortel également tout ce qui nous grandit : les amitiés nouées, les amours vécues, les passions partagées, les engagements pris avec d'autres, les bienfaits prodigués.

Une vie n'est digne d'être vécue que si elle embrasse des domaines plus vastes et croise *ces absolus relatifs* que sont l'amour, la vérité, la justice. La gloire n'est réservée qu'à un petit nombre de héros, la sainteté à quelques justes ; en revanche l'existence la plus humble rencontre inévitablement la beauté, la fraternité, la bonté. L'essence de l'homme est de satisfaire ses ambitions ; mais aussi de vivre au-dessus de soi, de participer à des aventures plus larges, d'éprouver au moins une fois la sensation de l'infini. Chacun de nous est à la fois un point et un pont, une totalité close et un lieu de passage. Cette totalité incomplète disparaîtra un jour, ne sera plus qu'une trace sur un registre, un algorithme sur un écran, une inscription sur une tombe. Il arrive qu'une mort héroïque, celle de Sénèque, par exemple, qui s'est suicidé sur ordre de Néron dont il fut le précepteur, en s'ouvrant les veines, rachète une carrière de flagorneries et d'arrangements avec le pouvoir[1]. Remarquons à cet égard, comme Michel Serres, que le héros contemporain a plus à perdre que le héros classique, voué à disparaître de toute façon entre 25 et 30 ans. Le sacrifice du premier est d'autant plus sublime qu'il met en jeu un patrimoine existentiel potentiellement considérable.

Plutôt que de quêter un improbable paradis, pourquoi ne pas voir l'immortalité comme la capacité à nous réincarner de multiples fois dans cette vie ? « Il y a en nous quelque chose qui ne meurt pas », disait Bossuet, « une divine clarté », une porte ouverte sur la délivrance[2]. Au seuil de la mort, l'âme, selon lui, devait se réjouir d'aller enfin vers sa vérité. Pour l'agnostique, cette flamme admirable qui nous tient debout, c'est la certitude que la Rédemption n'interviendra pas au terme de l'existence mais qu'elle est présente, ici et maintenant, dans l'humble prose du quotidien. L'éternité, c'est

1. Paul Veyne, *Sénèque*, Texto, 2007, préface de Louis Jerphagnon.

2. Bossuet, *Sermon sur la mort*, Garnier Flammarion, pp. 142-143.

ce que nous vivons en cet instant précis. Il n'y en a pas d'autre.

Ma mort est terrible certes ; mais beaucoup moins que la disparition des gens que j'aime, sans lesquels je ne voudrais pas me retrouver seul en ce monde. La première est une atroce formalité ; l'autre une catastrophe ontologique. L'extinction progressive des êtres chers à mesure que l'on avance en âge désertifie le monde et fait du survivant un anachronisme dans un univers vide. « Vivre longtemps, c'est survivre à beaucoup », disait Goethe. Seule nous est donc permise *une brève éternité.* Tant qu'on aime, tant qu'on crée, on reste immortel. Il faut chérir assez la vie pour accepter qu'elle nous quitte un jour et en abandonner la jouissance aux générations suivantes.

L'ART DÉLICAT DE CONSOLER

Le réconfort prodigué à ceux qui souffrent est guetté par deux abîmes : la formalité ou le syllogisme délirant. La philosophie romaine est pleine de ces arguments aussi nobles que pathétiques. Par exemple, encourager une victime à se résigner à son malheur en considérant que cela aurait pu être pire. Tu as perdu une main ? Console-toi en pensant que ça aurait pu être le bras tout entier. Ton œil s'est infecté et va tomber ? Réjouis-toi que l'autre soit encore intact. Il faut transformer la perte en gain, imaginer le pire pour se considérer chanceux. (Mais n'est-ce pas ce que nous faisons spontanément quand nous sortons indemne d'un accident, par exemple, avec à peine quelques égratignures ?) À une mère, Marcia, qui a vu son fils mourir, Sénèque explique qu'elle doit s'estimer heureuse de l'avoir vu vivre si longtemps dans le chemin de la vertu. S'il avait vieilli, il aurait peut-être plongé dans les souillures de la débauche, se serait retrouvé en prison, en exil ou contraint au suicide[1]. Au final, puisque « la chance suprême est de ne pas naître », le fils perdu doit se réjouir d'avoir retrouvé très jeune l'état premier d'avant la naissance. « Rougis, Marcia, de nourrir la moindre pensée basse ou vulgaire et de pleurer les tiens alors que leur condition s'est améliorée. Ils se sont envolés dans les vastes et libres espaces de l'éternité[2]... »

Cette réfutation de la souffrance peut aller jusqu'à l'insensibilité : si pour nous le pire des chagrins est la perte de l'être aimé, y réagir comme Épictète : « Ne dis jamais de quoi que ce soit : je l'ai perdu. Mais : je l'ai rendu. Ta femme est morte, elle est rendue. Ton enfant est mort, il est rendu », est d'une violence rare sauf pour qui a élevé l'ataraxie en vertu. Autant préférer les préposés au chagrin fictif que sont les employés des pompes funèbres qui font à peine semblant

1. Sénèque, *Consolations*, *op. cit.*, pp. 128-129.
2. *Idem*, p. 135.

de compatir. Au moins, n'attendons-nous d'eux rien d'autre qu'un service. Un chagrin d'amour, une rupture, une ruine, une mort, une maladie requièrent des mots et des conseils différents. Les uns engagent des actions concrètes, les autres un temps d'introspection plus long. Après la mort de sa fille chérie, Tullia, Cicéron, dévasté, se tourne vers les études, lit chez son ami Atticus tous les textes « de qui que ce soit, sur l'allègement du chagrin » et finit par écrire *Une consolation à lui-même*, sorte d'autothérapie où il s'exhorte à maîtriser sa peine[1].

Et pourtant, dès que nous sommes confrontés au chagrin d'un être cher, ou à un deuil, nous retrouvons malgré nous les prêches un peu mièvres que nous blâmons chez les rabbins, prêtres, imams, moralistes, au moment des funérailles. « Dieu nous l'a donné, Dieu nous l'a repris. » Les religions restent d'incomparables systèmes de transfiguration de la souffrance et de la mort. À travers elles une collectivité trouve un sens à la disparition de ses membres et la rend tolérable aux survivants. Réconforter un ami, un parent, c'est les amener à s'incliner devant plus fort que soi. Ce malheur exceptionnel a besoin, avec le temps, d'être transformé en malheur ordinaire et de rentrer dans les nécessités de la nature. « Ce qui peut arriver à un individu peut arriver à n'importe qui » (Publilius Syrus). On

1. *Idem*, p. 27.

noie un cas particulier dans la généralité de la condition humaine. Celui qui console doit se mettre à la place de son ami, de son parent et lui faire accepter l'inéluctable. Il n'en attendrait pas moins des autres s'il était frappé à son tour. La convention est atroce mais irréfutable. Dans beaucoup de sociétés, le deuil est limité par une réglementation officielle. Il s'agit de briser la douleur stérile par une médication collective. Le cœur doit se réconcilier avec l'ordre social qui étouffe peu à peu les regrets personnels. C'est l'égoïsme irréfutable des vivants qui reprennent leurs droits sur les morts. Il suffit souvent, pour secourir quelqu'un, de l'écouter, de laisser le chagrin s'épancher. La forme suprême de la délicatesse, en matière de consolation, c'est d'être là et d'entourer la personne d'un vaste anneau d'affection jusqu'à ce qu'elle puisse voler à nouveau de ses propres ailes.

CONCLUSION

Aimer, Célébrer, Servir

Un homme de 46 ans, accompagné d'une jolie fille, arrête sa voiture près d'un tabac encore ouvert, à deux heures du matin. Alors qu'il en sort, des cris féroces résonnent et une meute de jeunes gens se jettent sur lui. Sa faute ? Il a dépassé 40 ans, il est une insulte à l'humanité. L'âge est un crime, tel est le slogan de ces justiciers nocturnes. Ce sont surtout les croulants accompagnés de femmes de moins de 30 ans qu'ils ciblent ; la vision de ces couples désaccordés les hérisse. L'homme fait signe à sa compagne de démarrer et de fuir et lui se met à courir, poursuivi par sept ou huit costauds. Leur chef, un certain Regora, veut lui régler son compte personnellement. Le quadragénaire, en bonne forme physique, parvient à les tenir en haleine une partie de la nuit. S'il résiste jusqu'à l'aube, il est sauvé, la police le protégera. Regora le rattrape pourtant in extremis et le précipite dans un fossé. La chasse est finie. Mais elle a épuisé le lyncheur. Et quand le soleil se lève, il est devenu un homme âgé dont tous les cheveux ont blanchi en une nuit et qui a perdu ses dents. Alors ses troupes se retournent contre lui et se préparent à le mettre à mort[1].

Merveilleux apologue de Dino Buzzati. Il arrive un jour où les générations ascendantes nous regardent comme nous regardions jadis les aînés : avec dédain et commisération. C'est la terrible leçon de la vie, le retour du boomerang : nous voilà devenus ceux que nous méprisions, jadis.

Pour comprendre le monde et agir sur lui, il faut entrelacer sans fin les générations par des liens d'amitié, d'intérêts et de conversation afin qu'elles échangent de toutes les façons possibles. Chacune est une mentalité spirituelle, marquée par des événements historiques précis, presque une société à part entière qui ne sort de ses œillères qu'en s'alliant aux précédentes et aux suivantes. Après 50 ans, chacun de nous, homme ou femme, pauvre ou riche, se sent glisser peu à peu, à une vitesse inégale, vers le monde d'hier. Quels que soient nos efforts, nous craignons de perdre pied. Si grandir, c'est s'affirmer, vieillir c'est chanceler. Le fait d'avoir vécu ne fait pas de moi un possédant mais un dépossédé. Je suis privé de toutes ces années écoulées qui s'additionnent en quelque sorte négativement en se soustrayant à mon être. Je ne puis les thésauriser comme un trésor, au contraire elles me sont comptées à débit. Le temps me dérobe mes certitudes, entame ma résolution.

1. Dino Buzzati, *Le K*, Robert Laffont, 1967.

Si l'enfance est par nature ingrate, elle a besoin de toutes ses forces pour se construire, la gratitude arrive plus tard quand on se sent capable d'oblation, de désintéressement. L'existence est à la fois un don et une dette : un cadeau absurde que nous fait la Providence et une créance que nous contractons envers nos proches. Vient un moment où il faut rendre à sa famille, à ses amis, à ses parents, à sa patrie les bienfaits qu'ils nous ont prodigués. On ne rembourse pas ses dettes de vie, on les reconnaît, on les honore en s'occupant à notre tour de notre descendance. Le jour de l'extinction de la dette est aussi le jour de l'extinction de l'existence quand nous ne pouvons plus rien offrir ni rendre aux autres et devenons, par la mort, la proie des vivants.

Nous sommes précédés comme nous serons suivis, simples passagers d'une vie qui ne nous fut pas donnée mais prêtée. Nous en avons l'usufruit, non la propriété. Avancer en âge, ce n'est pas, contrairement à ce que l'on croit, s'alléger de ses devoirs, c'est au contraire les multiplier. Pour se prolonger, il faut commencer par se surcharger d'obligations nouvelles. La liberté n'est pas un relâchement mais un surcroît de responsabilités. Elle ne déleste pas, elle alourdit. Les vieillards ont droit au respect et au repos, disait Charles Péguy en 1912. Peut-être à son époque. Mais de nos jours ! La vie n'est pas une maladie dont il faille se remettre. À tout âge, le salut est dans le travail, l'engagement, l'étude.

Chaque destin est une passerelle jetée entre deux abîmes. Nous ne sommes indispensables à personne, nous disparaîtrons dans le cosmos, anonymes et poussière mais il n'y a pas là matière à affliction. Au contraire. La vie, nous l'avons dit, a toujours la structure de la promesse. Promesse à quoi ? Cela n'est pas spécifié. Aucune fée ne s'est penchée sur notre berceau. La seule promesse tenue et qu'on ne pourra jamais effacer, c'est qu'on a vécu. Cela seul devrait susciter en nous une reconnaissance infinie.

Jusqu'au bout il faut demeurer des êtres du oui, de l'adhésion inconditionnelle à ce qui est : célébrer la splendeur du monde, ses éblouissements. Résider sur cette terre est un miracle même si c'est un miracle menacé. Mûrir, c'est entrer dans un exercice d'admiration sans fin, retrouver mille occasions de s'émerveiller devant la grâce d'un animal, d'un paysage, d'une œuvre d'art, d'une musique. Pour mieux combattre l'enlaidissement du globe, il faut aussi s'incliner devant ce qu'il a de sublime, retrouver les enchantements nécessaires. Si certains ont perdu leurs illusions, en prenant de l'âge, c'est que ces illusions ne méritaient pas de vivre ; elles n'étaient que des chimères adolescentes ou d'aimables utopies. Mieux vaut adhérer passionnément au temps qui passe plutôt que le maudire.

Il faut donc vivre au-dessus de ses moyens physiques, intellectuels, amoureux comme si l'on venait d'hériter d'une immense fortune, comme si l'on disposait, même à 70 ou 80 ans, d'une allocation d'années supplémentaires, d'un âge d'or. Depuis l'enfance, nous n'apprenons qu'une chose : le prix hors de prix de l'existence. Nous restons des êtres en transit, perdus sur un sentier obscur et qui tentent de s'éclairer à la lumière de la raison et de la beauté. On ne reste libre qu'en s'immergeant parmi les autres, frère, ami, camarade, parent, toujours curieux, jamais résigné. Nous perdrons notre enveloppe corporelle, disparaîtrons dans le flux, redeviendrons cendres. Et alors ? Nous n'avons jamais été que de passage, fragment d'un tout qui nous dépasse. Réjouissons-nous d'avoir duré et de pouvoir encore bénéficier des bontés du monde.

Au soir de notre vie, si heureuse ou douloureuse fût-elle, nous mesurons la chance qui nous a été donnée. Nous avons été simultanément blessés et comblés. Beaucoup de nos prières n'ont pas été entendues : d'autres, que nous n'avions pas formulées, ont été exaucées au centuple. Nous avons traversé des cauchemars et reçu des trésors. L'existence a pu être cruelle autant que capiteuse et opulente.

Le seul mot que nous devrions prononcer chaque matin, en reconnaissance du cadeau qui nous a été fait, c'est : Merci

Rien ne nous était dû.

Merci pour cette grâce insensée.

POST-SCRIPTUM

Le chapitre « L'immortalité des mortels » est tiré d'une conférence donnée à New York aux services culturels de l'ambassade de France en novembre 2014 dans le cadre d'une série de séminaires organisée par la Fondation Onassis dans les universités de la côte Est.

La partie « L'Été indien de la vie » a été publiée dans le numéro 202 de la revue *Le Débat* en novembre 2018.

J'approfondis ici une réflexion débutée dans *La Tentation de l'innocence* (1995) et prolongée avec *L'Euphorie perpétuelle* (2000), *Le Paradoxe amoureux* (2009) et *Le Mariage d'amour a-t-il échoué ?* (2010) sur le thème du recommencement, de la reprise incessante. On trouvera maints échos de ces essais dans celui-ci.

Table

TROISIÈME PARTIE

AMOURS TARDIVES

QUATRIÈME PARTIE

S'ACCOMPLIR OU S'OUBLIER ?

CINQUIÈME PARTIE

CE QUI EN NOUS NE MEURT PAS

DU MÊME AUTEUR :

Romans et récits

MONSIEUR TAC, Sagittaire, 1976 ; Folio Gallimard, 1992.
LUNES DE FIEL, « Fiction et Cie », Seuil, 1981 ; Points Roman n° 75.
PARIAS, « Fiction et Cie », Seuil, 1985 ; Points Roman n° 270.
LE PALAIS DES CLAQUES, Points-Virgule, Seuil, 1986.
LE DIVIN ENFANT, Seuil, 1992 ; Points Roman, 1994.
LES VOLEURS DE BEAUTÉ, Grasset, 1997 (prix Renaudot) ; Le Livre de Poche, 2008.
LES OGRES ANONYMES, Grasset, 1998 ; Le Livre de Poche, 2001.
L'AMOUR DU PROCHAIN, Grasset, 2005 ; Le Livre de Poche, 2007.
MON PETIT MARI, Grasset, 2007 ; Le Livre de Poche, 2009.
LA MAISON DES ANGES, Grasset, 2013 ; Le Livre de Poche, 2014.
UN BON FILS, Grasset, 2014 ; Le Livre de Poche, 2015.
UN AN ET UN JOUR, Grasset, 2018.

Essais théoriques et critiques

Le Nouveau Désordre amoureux (en collaboration avec Alain Finkielkraut), « Fiction et Cie », Seuil, 1977 ; Points Actuels, 1981.

Au coin de la rue, l'aventure (en collaboration avec Alain Finkielkraut), « Fiction et Cie », Seuil, 1979 ; Points Actuels, 1981.

Le Sanglot de l'homme blanc, « L'histoire immédiate », Seuil, 1983 ; Points Actuels, 1986.

La Mélancolie démocratique, « L'histoire immédiate », Seuil, 1990 ; Points Actuels, 1992.

La Tentation de l'innocence, Grasset, 1995 (prix Médicis) ; Le Livre de Poche, 2008.

L'Euphorie perpétuelle, *Essai sur le devoir de bonheur*, Grasset, 2000 ; Le Livre de Poche, 2008.

Misère de la prospérité, *La religion marchande et ses ennemis*, Grasset, 2002 ; Le Livre de Poche, 2004.

La Tyrannie de la pénitence, Grasset, 2006 ; Le Livre de Poche, 2008.

Le Paradoxe amoureux, Grasset, 2009 ; Le Livre de Poche, 2011.

Le mariage d'amour a-t-il échoué ?, Grasset, 2010.

Le Fanatisme de l'apocalypse, *Sauver la Terre, punir l'Homme*, Grasset, 2011 ; Le Livre de Poche, 2013.

La Sagesse de l'argent, Grasset, 2016 ; Le Livre de Poche, 2017.

Un racisme imaginaire, Grasset, 2017 ; Le Livre de Poche, 2018.

Un coupable presque parfait, Grasset, 2020.

Composition réalisée par MAURY-IMPRIMEUR

Achevé d'imprimer en juin 2023, en France par
La Nouvelle Imprimerie Laballery
58500 Clamecy (Nièvre)
N° d'impression : 305316
Dépôt légal 1re publication : janvier 2021
Édition 02 - juin 2023

LIBRAIRIE GÉNÉRALE FRANÇAISE
21, rue du Montparnasse – 75283 Paris Cedex 06

33/9010/4